30 CLAVES

PARA SUPERAR CUALQUIER

VICIO O ADICCIÓN

LA GUÍA DEFINITIVA

HAROL PÁRAMO

ÍNDICE

Toda nuestra conducta funciona de la misma forma, todo surge en nuestro pensamiento. Nuestra vida es el fruto de nuestras acciones y las acciones nacen de nuestros pensamientos. Todas esas acciones deberían tener por propósito beneficiar nuestra propia vida. Son los vicios, los malos hábitos y las adicciones, las acciones que a largo plazo nos perjudican, no tanto por la naturaleza de la misma acción, sino por la falta de dominio de nuestra personalidad. Esa falta de control es la que hace que a pesar de ser consciente del perjuicio que esto tiene en nuestra vida, lo seguimos haciendo una y otra vez sin poder hacer nada. Un hábito plenamente normal puede volverse perjudicial en tanto este nos controle a nosotros.

A lo largo del día realizamos cientos de acciones, muchas de ellas son perjudiciales. Para su caso particular analice todas sus acciones; por ejemplo, la comida, la bebida y el entretenimiento; se dará de cuenta que muchas acciones de alguna manera afectan su economía, su salud o sus relaciones interpersonales. Por ejemplo, usted puede ser consciente de que tomar bebidas azucaradas es perjudicial para su salud, sin embargo, usted no es capaz de tomar una bebida sin azúcar. Esta falta de control no es tan perjudicial; pero si lo trasladamos a acciones que te obligan a gastar mucho dinero, que te hace perder demasiado tiempo y que visiblemente están perjudicando tu salud; entonces pueden destruir tu vida y debes buscar una solución. Esa solución es la que planteamos en este libro a través de 30 claves.

En este libro encontrará cientos de ejemplos, que, aunque no se sienta identificado con alguno de ellos, puede trasladarlo de igual forma a su caso particular.

1. Identifique la actividad antes del vicio

Muchas veces no es el vicio en si el que hay que controlar, ya que este solo es una consecuencia. Hay una acción y un hábito que le acompaña y que desencadena el vicio. Observe que hace antes de producir el mal hábito, y analice si puede dejar de hacerlo. Sin una acción anterior al vicio, no puede venir consecuentemente el vicio.

Detrás del cigarrillo hay un café, si consigue otra compañía para el café, puede ser más fácil abandonar el vicio de fumar. Detrás de su adicción a las redes sociales, está el acceso a Internet, si no consigue Internet no hay tal adición, vaya a un café Internet para tareas específicas. Detrás de sus llegadas tarde a la empresa, hay una actividad que le consume mucho tiempo. Una de las posibles causas de que usted llegue tarde, es porque pierde mucho tiempo buscando la ropa; lo cual puede solucionar, escogiendo la ropa antes de acostarse. Si eres adicto a las drogas, quizás son tus amigos los que te impulsan a ello, sin esos amigos no puede haber adicción. Son ejemplos muy simples, pero la idea es ser consciente de que a veces pensamos que solucionar algo es muy difícil, cuando lo que sucede es que estamos enfocando nuestra fuerza a donde no es.

Siempre hay una acción antes del vicio como tal, si puede evitar esa acción antes del vicio; entonces podrá dejar el mal hábito. Piense que antecede a su vicio, y en lo posible evite hacerlo.

Actividad 1: Fragmentar vicios

Analiza las acciones que forman parte del vicio. Por ejemplo, detrás del cigarrillo esta la fuerza de la costumbre de la mano que lleva el cigarrillo a la boca, el fuego que lo enciende, el paquete de cigarrillos, el dinero para comprarlo. Intenta controlar cada una de estas acciones por separado. Un mes lo dedica a una acción y el otro mes a otra acción. Si por ejemplo está enfocado en el dinero para comprar el vicio, entonces ponga toda clase de obstáculos para acceder a ese dinero, no deje efectivo cerca, de tal manera que conseguir el dinero para el vicio, sea tan complicado, que en medio de tanta actividad se le pase ese deseo.

2. Evite las situaciones que cultivan vicios. Ocúpese

El estrés, el aburrimiento, la soledad, la falta de ocupación, son situaciones que cultivan toda clase de vicios y adicciones, y debería evitarlas. Si usted está aburrido en su casa, generalmente buscará actividades que le generen placer, en ningún momento buscará algo aburrido para hacer. El cerebro por instinto busca el placer de manera inconsciente; debido a esto, a usted no le queda más remedio que hacer algo divertido y placentero. Estos vicios pueden nacer de situaciones muy sencillas que no tienen nada de perjudicial; pero por su naturaleza de entretenimiento puede generar una adicción. Hablemos de los chats, que es algo completamente normal, todos necesitamos comunicarnos; pero cuando ya no podemos soltarlo y dejamos las responsabilidades al lado; entonces ya nos convertimos en adictos.

Para evitar la soledad, busque una actividad que reemplace su tiempo de ocio; como un curso, un voluntariado, un deporte. La falta de ocupación la soluciona con definir las acciones que debe realizar en el día. Si usted es capaz de plantear una serie de actividades para el día, entonces no dará espacio a estar desocupado. En el caso del estrés, esto es algo que no debe dejar avanzar y por eso en lo posible, haga deporte o asista a clases de yoga. Si estás desocupado en casa y no tienes a donde ir, entonces ve a una biblioteca a aprender algo nuevo, lleva tu Tablet. Si no quieres ir a una biblioteca, puedes ir a cualquier parque con tu móvil, y lleva algún vídeo de algo que quieras aprender, no importa que esos desconocidos del parque vean que vas a diario, es mejor hacerlo así, a tener que estar luchando con un vicio solo en casa.

Cuando estas ocupado no hay espacio para el vicio; mientras que para el que no tiene nada que hacer, su pensamiento se llena de toda clase de fantasías, deseos y obscuridades que en algún momento influye en sus decisiones. Todo lo quieto está muerto, mire por ejemplo un agua estancada, sin el movimiento se pudre, un electrodoméstico sin uso se oxida, una madera vieja que nadie usa se llena de toda clase de insectos. Del mismo modo el ser humano que se mantiene sin hacer nada, es una víctima fácil de toda clase de pensamientos degenerados, de fantasías y deseos bizarros, y para evitarlo debería de estar bastante ocupado.

Actividad 2: Evitar el vicio

Analice las situaciones en las que ejecuta el vicio. Si el vicio lo realiza en el trabajo, entonces hable con su jefe o compañeros para ser ubicado en un lugar donde todos lo observan. Si es en su hogar, entonces busque una ocupación externa, puede ser un deporte, el cual será una actividad que entrará a reemplazar el vicio. Si es una acción que ejecuta cuando está en la calle, entonces inscríbase en un curso ya sea por internet o que alguien vaya a domicilio, y así no tenga la necesidad de salir.

3. Abandonar actividades que llevan asociaciones mentales que inducen al mal hábito.

El vicio parte de una idea que le sustente. Hay creencias, paradigmas, y también impresiones mentales que producen ese vicio. Basta tan solo un pensamiento que recuerde el vicio para que usted caiga en él. Un libro, un programa de televisión, un objeto en casa, y muchas cosas que nos asocian ciertos pensamientos.

Imaginemos que usted era un adicto al juego, a las máquinas traga-monedas, hace rato lo abandonó, y ahora está leyendo en Internet noticias; de un momento a otro salta una publicidad de un casino, y de pronto, en su mente se genera curiosidad, quiere mirar si eso por internet funciona de la misma manera. Se inscribe por curiosidad, piensa que tal vez no es con dinero de verdad, y resulta que es su mente que lentamente lo va llevando al vicio. Otro ejemplo, es cuando usted está tratando de controlar sus ataques de ira, está leyendo un libro, y alguno de los personajes se destaca por ser un hombre agresivo, es alguien con poder, temido y respetado, y usted empieza a pensar que la agresividad le da poder, y este sutil pensamiento justificará y hará que no se detenga en un próximo ataque de ira.

No deje que su mente se alimente de cosas que propician un mal hábito, ellas gradualmente le van transformando el pensamiento y lo acercan lentamente al mal hábito, tan pronto usted vea algo que lo asocie al vicio, es mejor que abandone de inmediato esa actividad y haga otra cosa. Cuando usted vea que hay una idea que persiste en su mente para complacer el vicio, es mejor que se detenga, suspenda toda actividad y trate de llevar a su mente a un estado libre de ansiedad, de relajación, de esta manera se asegura que en su mente no queda ningún rastro de ese deseo, porque si esa idea continúa en su mente, entonces tarde o temprano usted lo hará.

Actividad 3: Abandonar actividades

Separe un espacio de tiempo para reflexionar, vaya a una biblioteca donde nadie lo interrumpa. Una vez allí, en un cuaderno anote la lista de acciones que en su vida pueden suscitar el vicio y que debe de eliminar de las actividades que hace a diario. Por otra parte, en el caso de que usted este realizando una actividad, ya sea ver televisión, leer una página en internet o hablar con unos amigos, y de un momento a otro surge algo que alimenta el deseo asociado al vicio; entonces abandone de inmediato, cambie de lugar y de actividad.

4. Sea consciente de los hábitos y las cosas que hace mecánicamente.

Cuando usted lleva mucho tiempo haciendo algo, no es consciente de ello; porque esa actividad ha pasado al subconsciente y surge de manera espontánea sin que usted lo quiera.

Usted por ejemplo tiene el vicio de comerse las uñas y no necesita pensar en ello, usted simplemente lo hace, incluso hay veces que ni sabe que lo está haciendo. Primero identifique cuando sucede, y en la medida que usted lo identifica será más fácil controlarlo. Es quizás esta parte la más difícil, controlar y superar un mal hábito como el de comer uñas, el cual lleva haciendo desde niño. Lo supera en la medida de que es consciente de que está sucediendo, de cómo empieza a surgir, cuáles son esos sutiles pensamientos que están armando el vicio. Debe de aprender a identificar todas las posibles situaciones que le hacen surgir ese hábito de manera mecánica, y una vez que los identifique, será mucho más fácil controlarlo.

La mejor manera de controlar algo que surge de manera inconsciente, es dándonos cuenta de cómo surge, y luego generando otro mecanismo que lo reemplace. Entre más consciente seas de lo que le sucede, más fácil lo superas. Es como prepararse con anterioridad para el combate, si usted ya sabe a qué va a enfrentar y como, entonces lo podrá vencer. Usted se acostumbrará a ver cómo surge, y dirá, vaya ahí se está armando el deseo y no me voy a dejar dominar.

Actividad 4: Reorganizar actividades y objetos

En las mañanas, cuando aún estés acostado en la cama, revise que actividades del día y que objetos pueden dar espacio a generar el vicio. Reorganice sus actividades para no dar oportunidad a generar el mal hábito. Si es algo que por obligación debe de hacer, entonces sea lo más detallado posible, determine la hora y el lugar en el que va a suceder, luego repítase a lo largo del día de que va a resistir. Esto se hace con el objetivo de que usted vaya con una actitud mental adecuada que le ayude a resistir.

5. Controlar el impulso hacia la satisfacción inmediata del placer.

Nuestra vida es gris, monótona, y el vicio es quizás la única cosa divertida que nos brinda placer a lo largo de una existencia carente de emociones, y en muchos casos, infeliz. Abandonar algo que lo hace sentir bien y alegre, es muy difícil, puede sentir que la vida no tiene sentido.

Por ejemplo, hace un tiempo dejó el vicio de tomar refrescos, algo que en muchas personas está dejando una fuerte adicción, y sabemos lo perjudicial que son las bebidas endulzadas si se consume en exceso. Por otra parte, algunos refrescos tienen un fuerte mensaje asociado a la felicidad, y por tanto en momentos de ansiedad, de manera inconsciente, puede pensar que es la solución a los problemas. En un momento de estrés, no puedes evitar sentirte mal, necesitas algo que te haga sentir bien, que te salve de esa situación, estas triste, eres infeliz, necesitas la felicidad ahora, nada como una refrescante lata de gaseosa fría, y lo necesitas ahora, la tomas, qué deliciosa es, no sabes cuánto la extrañabas, debes ir por otra ahora, ya lo hiciste de nuevo, qué más da.

Esa medicina, esa sensación de placer es algo que hace tan difícil abandonar el vicio. Usted debe de hacerse a la idea que esa sensación es capaz de controlarla, es como cualquier sensación: hambre, sueño, cansancio, y es tan fácil controlarla como cualquiera de ellas. Porque si no lo controla ahora, dentro de media hora vuelves a sentir las ganas, y a más satisfacción más adicción, y a mayor resistencia más fácil abandonar. Además, si apruebas este vicio que controla tu personalidad, entonces tendrás que aprobar cuanta conduc-

ta extraña y viciosa se te pegue, porque es muy fácil adquirir conductas extrañas, pero difícil dejarlas, y por eso debes
acostumbrarte a resistir.

Actividad 5: Resistir impulsos viciosos

Entrénese en resistir los impulsos, acostumbre a su cuerpo a aguantarse las ganas. Hágase el propósito de que solo va
a resistir 3 veces. Si usted es capaz de aguantarse las 3 veces,
entonces la cuarta y quinta vez será más fácil.

6. ¿Ahora qué hago?, suplir la sensación de vacío que queda del vicio.

El vicio consume más de la mitad del tiempo, un vicio se puede convertir en algo que hacemos la mayor parte de nuestra vida. Cuando se deja el mal hábito, queda la mitad del tiempo libre y no se sabe qué hacer con tanto tiempo. Lo peor de todo es que todas las opciones para hacer, no son tan divertidas como el vicio.

Tienes por ejemplo una adicción a los videojuegos o eres un adicto al cine, a las series. Llegas cansado de la oficina, estas de vacaciones, tan solo debes prender la televisión, y ahí tienes ese mundo de placer. Si no puedes prender la televisión, ¿qué te pones a hacer?

Debes encontrar en que ocupar todo ese tiempo; pero tampoco lo reemplaces por otra adicción negativa. Las adicciones son compensaciones de placer que necesita nuestro cuerpo, es decir que, si nuestra vida es triste, no somos felices, nos sentimos solos; entonces nuestro cuerpo de manera natural nos pide altas dosis de placer, de disfrute, y esa es la razón de la adicción. Si solucionáramos muchos de esos conflictos internos, no seríamos tan adictos.

Desarrolle actividades que le den felicidad, que le suban la autoestima, y que le aporten bastante a su vida, de esta manera gradualmente va mejorando su psicología, su estado de ánimo, y ya no dependerá tanto del vicio para ser feliz. Ojalá usted tomara la costumbre de no terminar un día sin hacer algo productivo o importante, de esta manera pese al vicio, usted avanzará en su vida, y estos logros le servirán para contrarrestar los perjuicios del vicio. Hay muchas actividades que le puede aportar mucho a su vida, debe de mirar que le gusta aparte del vicio.

Actividad 6: Ocupar el tiempo libre

Escoja una actividad para hacer en su tiempo libre, por ejemplo, practicar un arte marcial, ir a piscina, montar bicicleta, aprender a tocar un instrumento musical, aprender a pintar, aprender magia, aprender a hacer figuras con papel o lo que te llame la atención. Haga una lista de todas las posibles actividades que puedes realizar con tu tiempo y tu dinero, luego organice según le llame la atención, y finalmente ejecute.

7. Enfrentarse al engaño de sí mismo cuando quieres hacerlo.

El vicio se encuentra en niveles muy profundos del subconsciente, lleva años manipulando tu mente para lograr su satisfacción, y por tanto conoce todos tus mecanismos internos inconscientes para manipularte. No hay que pensar que el vicio es como una persona que se sienta a pensar como manipularte, sino que es un mecanismo que hace uso de otros mecanismos para su satisfacción. El hecho es que todos los argumentos que las personas tenemos del vicio e incluso lo que pensemos de la vida, el vicio lo usará para lograr satisfacerse. El más común de todos los autoengaños, es que lo harás la última vez.

El mejor ejemplo de este caso es el vicio del cigarrillo y del licor, que en lo particular no les veo nada de malo; pero que es muy perjudicial, cuando se convierte en una adicción. La mente sale con una cantidad de argumentos que son difíciles de rechazar. Entonces la mente empieza a decir: después de todo tu abuela fumaba, eso no mata a nadie, te mantiene delgado y no deja crecer abdomen, además estimula la creatividad, y te hace una persona más cool que se integra con muchas personas. Respecto al licor, que decir, para divertirte debes beber, y si no lo haces pasas por aburrido, te quedas mirando como todo el mundo se integra, porque, al fin y al cabo, beber es de personas libres de esquemas, maduros, que hacen lo que quieren. Con todos estos argumentos y muchos más que ni imaginamos, el subconsciente sale a la defensa del vicio, haciendo casi imposible dejar cualquier hábito.

Cuando el autoengaño empiece a surgir en la mente, con todas las justificaciones del mundo; entonces la única manera de evitar ceder a todos estos argumentos es fijando una decisión. Todos los seres humanos tomamos decisiones, y para bien o para mal debemos cumplir con aquello que hemos decidido. La decisión está tomada, esa decisión es la de abandonar el mal hábito. Tú no cambias de decisión, fue una decisión muy consciente, no eres una persona que te dejas manipular en tus decisiones. Tu sabes lo que quieres y lo logras. Has decidido abandonar el vicio y no vas a ceder. Cuando sientas el impulso, debes recordar que has tomado una decisión. Repite en tu mente que, tú no cambias de decisión.

La acción es ahora y no después, no hay una última vez, no hay un momento más, la decisión fue tomada y ya no hay marcha atrás. En el momento que tú dices un momento más, en ese instante el vicio te ha engañado, y nunca serás capaz de dejarlo, no hay un último momento. ¿Realmente quieres volver a ceder a la manipulación de: es la última vez?

Actividad 7: Tomar una decisión

Separe un espacio para ir a un lugar tranquilo, donde puedas pensar y tomarte un tiempo. Reflexione acerca de lo que está sucediendo en tu vida, tenga claro de que debe de tomar una decisión para solucionarlo, elimine con argumentos toda resistencia mental a hacerlo. La decisión a tomar es la de abandonar el vicio, es un propósito, es una promesa, no te dejarás engañar. Luego, cada vez que te ataquen pensamientos de caer en la complacencia de ese mal hábito, entonces recuerda la decisión que tomaste y que por más tentador que sea, debes aferrarte a esa decisión. No hay una última vez, tu no cambias de decisión, tu cumples tus promesas.

8. El efecto invisible del hábito que no te permite verlo como es

La rutina hace que con el tiempo todo se vea normal. Antes de hacer algo prohibido, lo miras desde la distancia, lo juzgas, como lo hacemos todos con tantas cosas en este mundo; pero una vez cedemos a algo, nos sentimos inicialmente culpables, y luego lo veremos de lo más normal. El problema está que una vez llegado a ese estado, después de haber traspasado cierta barrera, el vicio sigue arrastrando hacia las profundidades, y de un momento a otro te encuentras arrastrándote por el piso, convertido en una persona completamente diferente, sin valores, y no te has dado cuenta. Nadie se imagina en el fango, nadie cree que vaya a perderlo todo por culpa de un mal hábito, pero esto puede llegar a suceder. Es entrar a vivir una realidad completamente diferente, en el inframundo.

En alguno de mis artículos de mi sitio web, alguien comentó que tenía el vicio incontrolable de cortarse la piel con unas cuchillas, y que cada vez era más incontrolable. Seguro que es una persona como cualquiera que vemos en la calle y que no sabemos que obscuras pasiones tenga, respecto a esta persona en específico, ha caído presa de uno de estos extraños vicios. Hay muchas personas con ciertos inicios masoquistas, que sienten placer al dolor. Esta idea pudo haber rondado su mente y en algún momento le dio por experimentar, se sintió extraño, seguro fue algo muy bizarro, no quiso volver a hacerlo, pero luego dijo que una vez más. El hecho es que después de estar haciendo esto un tiempo, el cuerpo se acostumbra, y ya deja de generar tanto repudio, incluso puede formar parte de la vida como el cepillarse, y solo se le pone cuidado cuando ha destruido completamente la vida.

La mejor manera de enfrentar los vicios, es que no dejes de pensar que son cosas raras, que la gente normal no hace, y que tú eres normal, inteligente, fuerte, y que no puedes caer más bajo que cualquiera y destruir tu vida de esa manera. No te puedes dejar llevar por cosas extrañas, debes conservar la dignidad y la cordura, y debes hacer todo lo posible por conservarte como alguien digno, el orgullo en estos casos es importante, no puedes permitir que un vicio te lleve a niveles de ridículo, de burla, humillación, de depravación, de autodestrucción, de agresión, que empiezas a ver como normal, tan pronto estas bien hundido en el vicio, y sea como sea deberás evitar caer más bajo. Siempre que pienses en el vicio, entonces que a tu mente venga el recuerdo de que es extraño, es bizarro, y que tú no aceptas en tu vida ese tipo de cosas.

Debe de tener en cuenta que si bien es cierto que no le debe importar el que dirán, tan bien es cierto que las opiniones de los demás, permiten desarrollar un equilibrio con su entorno social, y esto ayuda a regular comportamientos que no son adecuados, y que desde nuestro punto de vista pueden verse como correctos.

Actividad 8: Conocer más personas

En un fin de semana, date un tiempo para conocer a la peor versión de las personas que se han dejado arrastrar por un vicio, que han perdido la salud y el dinero, y conoce también a la mejor versión de las personas que carecen de vicios, de fragilidad de carácter, que son capaces de dominarse. Búscalos en foros de internet, entra en contacto con ambas personas, aprende, y que esta experiencia te sirva para recordarla en momentos de necesidad del vicio. En lo posible forma una comunidad, un grupo en redes sociales, donde todos compartan sus experiencias.

9. Controle y distraiga el pensamiento raíz.

Toda acción surge a partir del pensamiento. Un solo pensamiento desencadena una serie de emociones y acciones. Si ese pensamiento no está; entonces no puede haber manera de generar esa mala costumbre. La clave está en no recrear el pensamiento, tan pronto detecte un solo pensamiento deberá esforzarse por olvidarlo.

La recreación mental funciona de la siguiente manera, por ejemplo, usted está en una fiesta con sus amigos, sale a la calle, empieza a pensar que tiene frío, y empieza a recordar como el encender un buen cigarro es una gran combinación para el frío, recuerda aquella reunión en la que fue con su amiga que ya no está, y fumaron unos cigarrillos que ella había traído de otro país. Su mente empieza a recrear y a pensar en cosas, y cuando menos lo piensas, has empezado a fumar. Cuando usted tenía frio y trajo a su mente el cigarrillo, en ese momento debió de haber cortado la recreación mental, debió de haber respirado profundamente para calmar la mente; debió de haber entrado rápidamente al sitio donde estaban sus amigos.

La clave está en olvidarse del vicio, si no hay nada que lo recuerde, entonces no hay acciones. Controlar ese tipo de pensamientos es tan fácil como ponerse a pensar o hacer otra cosa. Tan pronto haya un sutil pensamiento que puede desencadenar una serie de emociones relacionadas al mal hábito, entonces lo hará sin remedio, por eso evite recrearlo.

Actividad 9: Elegir actividades de entretenimiento

Separe un espacio para pensar que actividad va a realizar para distraerse cuando surja algún pensamiento asociado a su adicción. Por ejemplo, hacer unas cuantas flexiones de pecho, darse una ducha, hacer un sándwich, jugar a un videojuego, llamar a un amigo, es decir, cualquier actividad que haga que usted se olvide de ese pensamiento. Con el tiempo de estar practicando esto, ese pensamiento semilla, no tendrá oportunidad de sembrarse, porque siempre lo esquivas, y porque siempre encuentras algo diferente para hacer.

10. Respiración para relajarse y hacer ejercicio para apartar la mente del vicio.

Muchos hemos escuchado que antes de dejarse llevar por la rabia, antes de hablar de más respecto a lo que le dijo una persona, es mejor respirar y contar hasta diez. Si este truco es capaz de detener algo tan fuerte como es una ira, que es un instinto primario, entonces puede controlar y detener cualquier vicio.

Imaginemos que eres una persona de carácter, orgullosa, te esfuerzas por hacer las cosas bien, luego, alguien te dice que tu trabajo no es eficiente, de que es mucho tiempo para tan pocos resultados; entonces tu orgullo es herido, esa persona que no es el mejor, te ha humillado delante de tus amigos, te ha dicho incapaz, y en ti surge la ira a medida que recuerdas las veces que le pediste ayuda porque no entendías y no te ayudó; así que no puedes controlar tu ira, no te importa nada, quieres golpearle así sea que te quedes sin trabajo. Un momento, respira hondo y profundo, cuenta hasta 10, y piensa en las consecuencias.

Tan pronto tu sientas el pensamiento que va a desencadenar esa emoción que te lleva a hacer cosas que no quieres; entonces respira profundo y cuenta hasta 10, mientras piensas por qué debes de controlarte. Otro método sería hacer un ejercicio físico como golpear un guante de boxeo, saltar una cuerda, hacer abdominales, ya que este tipo de esfuerzo disipa cualquier deseo o automatismo. La principal lucha es contra el automatismo, la memoria muscular, y si sientes rondar un pensamiento vicioso, has ejercicio.

Actividad 10: Realizar ejercicios físicos

Ahora que estás leyendo esta tarea. Respire lenta, suave y profundamente contando hasta 10. No lo aplace, hágalo ahora. Si ya lo has hecho, entonces esto mismo es lo que vas a hacer cuando en algún momento sienta el deseo de complacer un vicio. Para que tome la costumbre y no se le olvide, haga la práctica de la respiración por aparte, por ejemplo, en la mañana, inmediatamente usted pone los pies en el suelo empiece a practicar su respiración. Una vez usted tiene esta costumbre aprendida, entonces ya la puede aplicar cuando surja el vicio.

11. Pensar en las consecuencias.

Muchas veces alimentamos un vicio por años por la sencilla razón que es más lo que pensamos en la satisfacción que nos da, en la falta que nos hace, en cómo es de difícil abandonar, y no pensamos mucho en las consecuencias que nos trae en la vida. Pensamos que las consecuencias no es algo que nos vaya a suceder; pero estas sucederán, y sí las tenemos presentes, entonces será más fácil que ese sentimiento de miedo nos ayude a rechazarla.

Usted por ejemplo es una persona alcohólica, tiene el incontrolable vicio de beber todos los días, todo empezó como una manera de suplir el estrés por la pérdida del trabajo. En poco tiempo te gastaste todo el dinero, te volviste agresivo. Ahora tu esposa te abandonó, no tienes trabajo, no tienes dinero, y el alcohol destruyo tu vida. Si en algún momento pudieras volver el tiempo atrás no lo harías, te duele haber perdido todo. No lo pensaste bien, no te detuviste a tiempo. Ahora tienes una nueva oportunidad, no la desaproveches, construye desde cero, tu puedes.

El problema con el vicio, es que no pensamos lo suficientemente en lo que puede ocurrir si seguimos por ese camino. Cuando usted es consciente de todo el panorama que sucede si sigues por ese camino; entonces te da temor, sientes miedo, sientes tristeza. Muchas veces actuamos y hablamos sin pensar, si nos tomáramos la labor de medir todas las consecuencias que se vienen con ello, de cómo nos puede cambiar la vida ese solo acto, si nos vemos a nosotros dentro de 5 años, de todo lo que podemos perder; entonces haríamos todo lo posible por evitar tal situación. Tú no quieres fracasar, tú no quieres ser esclavo del vicio, a ti te da temor eso, y como no quieres caer en ello; entonces te esfuerzas para no estar allí. No quieres verte sin dinero, no quieres lastimar a tus seres queridos, no quieres ser una carga para los demás, no quieres perjudicar tu vida, y como no quieres nada de eso, entonces te esfuerzas con todas las fuerzas de tu ser. Todo pensamiento, todo sentimiento, y toda acción que harás, será para no verte en esa situación.

Actividad 11: Medir consecuencias a mediano plazo

Separe un espacio para reflexionar sobre las consecuencias de una vida dedicada el vicio, es recomendable ir a un lugar tranquilo y pensar al respecto. Piense que usted no quiere ese panorama para usted. Piense en ello solo una vez, ya que no es bueno estar recreando cosas negativas que no han sucedido. Lo importante es tener el recuerdo de que se hizo esa reflexión, y cada vez que quiera ceder al vicio, piense en que no quiere vivir una vida con el vicio. Es como cuando alguien vive en extrema pobreza y se esfuerza por salir de esa situación, o como cuando alguien está enfermo y quiere recuperar su salud. El ser consciente de esa realidad, lo motiva a cambiar. Es el mismo esfuerzo.

12. Tenga una meta y un propósito por el cual luchar

La motivación de lograr algo, es quizás el mejor motor para que un ser humano abandone muchas cosas y quiera hacer otras tantas. Usted debe de tener un propósito en la vida, algo que quiere tener o ser, el cual conseguirá por hacer una serie de actividades. En la medida que usted se obsesione con esa meta, y la tenga clara, en esa medida sentirá deseos de hacerlo.

Por ejemplo, has aumentado muchos kilos en los últimos meses, comes mucho, tu cuerpo empezó a cambiar, tu salud se empezó a perjudicar, te cuesta respirar, y el médico te dijo que dejaras de comer tanto. Todo empezó por una crisis y para superar la depresión empezaste a comer bastante. Sientes ansiedad por la situación, quieres comer algo; ese delicioso yogur en la nevera está a tu alcance, pero un momento, tienes que lograr adelgazar, te imaginas todos los beneficios de ser una persona delgada, solo debes aguantar ese instante y estarás cerca de tu meta.

Visualiza mucho tu meta, recuérdala una y otra vez, entre más la recuerdes, más fácil será controlarte. Los pensamientos de ansiedad y vació serán reemplazados por el disfrute de aquel triunfo. Ojalá puedas pasar mucho tiempo pensando en el triunfo, en la recompensa de tu esfuerzo, en lo cerca que estás, en lo que vas a obtener, y esto hará que cada vez que vayas a caer en la tentación, tengas esa fuerza adicional que necesitas para no hacerlo.

Si quieres estar junto a un ser querido, tus padres, tus hijos, tu esposa; entonces mira y siente como pasas momentos felices junto a ellos, si quieres tener tu negocio, entonces imagina como te va de bien, como eres exitoso en ello, y si es respecto al vicio, entonces visualiza tu vida sin el vicio, de cómo te has liberado de él, como es de buena la vida. Del mismo modo que un enamorado pasa horas pensando en la persona de su deseo, en cómo se ríe, en cómo le fascina su rostro; entonces del mismo modo debes enamorarte de la vida que quieres vivir, pasar largas horas imaginando cada detalle y de cómo te fascina ello. Entre más pienses en las situaciones que quieres vivir, más conexiones neuronales se hacen, más se ancla en el subconsciente, más influencia tus decisiones, y más fácil es que suceda.

Actividad 13: Enfocarse en el logro de metas

En las noches, en vez de quedarse hasta tarde viendo televisión, acuéstese un poco más temprano, y dedique tiempo a imaginar todos los beneficios de llevar una vida sin vicios, la familia feliz que puede llegar a tener, todo el dinero que puede invertir en cosas importantes. Piense en las cosas buenas que quiere para su vida y que solo podrá conseguir si abandona el vicio, acuéstese pensando en el deseo de una mejor vida y de que hará todo lo posible por lograrlo. Haga esta actividad por 30 días, durante 20 minutos, y sin importar si en el día usted alimentó el vicio o no.

13. Cambia tu filosofía

Muchos vicios se sostienen porque pensamos que no son tan malos, y por ahí el pensamiento se pega de ese pequeño hilo para armar toda una cantidad de escusas que no te dejan abandonar el vicio. Piensas: "Esto me está perjudicando, pero todo el mundo lo hace", ese solo pensamiento lo usará el vicio más adelante para que no lo abandones. Miremos por ejemplo el vicio de la masturbación, alguien puede querer abandonarlo; pero piensa que los psicólogos dicen que es una práctica muy normal, que es beneficioso, y tienen razón, pero estas sutiles ideas son usadas por el vicio para aferrarse y no abandonar.

Si bien la masturbación es una práctica beneficiosa para personas con pareja, incluso es un complemento para hacer unos juegos sexuales y generar más pasión, ya respecto a personas con problemas para relacionarse no es muy recomendable, ya que encontrará un reemplazo a esa necesidad natural de tener sexo, y con el tiempo desplazará esa necesidad, encontrando más placer en el vicio que en la realidad.

Para evitar que la mente encuentre el lado positivo a un vicio, entonces debe de hallar otro tipo de teorías a las que aferrarse, que debiliten toda argumentación positiva que tenga el vicio. Por ejemplo, con el vicio de la masturbación puede mirar teorías como el budismo, el tantrismo, el kundalini yoga, el rosacrucismo, que manejan la sexualidad de otra manera, y así la argumentación de este vicio, no tendrá tanta fuerza. Otro ejemplo es respecto a los vicios que te hacen ganar dinero, como el póker y las máquinas tragamonedas, puede leer filosofías que ensalzan la pobreza y el desapego, que hablan de que las cosas materiales son temporales, como el cristianismo y el hinduismo, lea bastante al respecto, y encontrará unos conocimientos que debiliten la argumentación positiva que utiliza el mal hábito.

Básicamente toda teoría es creíble para nuestra mente, independiente de si es verdadera, todo depende del nivel de argumentación que tenga para derribar nuestros prejuicios. Miremos el caso de algunos multiniveles, ellos generan un gran discurso de superación para que muchos estén dispuestos a abandonar sus trabajos y dedicarse a vender productos muy difíciles de vender. A alguien que no le gusta vender termina vendiendo, y esto es debido a la correcta argumentación que usan estos grupos. Del mismo modo, debe de haber un tipo de literatura que le ayude a cambiar su forma de pensar respecto a esa adicción, y le ayude a abandonarla.

Actividad 13: Lectura de libros

Haga una lista de todas las cosas buenas que le ve al vicio, y busque el atributo contrario. Por ejemplo, para la codicia, lea filosofías que exalta la pobreza; para vicios sexuales, lea filosofías que exaltan la castidad. Compre un libro relacionado, y una vez lo termine, empiece con otro.

14. Genere un pensamiento de rechazo y de asco total.

Debes generar un pensamiento de total rechazo, cortar toda simpatía desde la raíz, porque mientras haya un sentimiento de aceptación, por allí siempre el vicio se va a aferrar para volver, sobre todo si este tiene mucha fuerza en ti. En tanto pienses que es beneficioso, te va a ser difícil superar el vicio. Es mejor que generes un pensamiento de rechazo hacia ese vicio, nada de justificaciones, ni de que tiene algo de positivo. Usted debe de tener una postura radical de rechazo al vicio, casi fanática. Mire por ejemplo un fanático, ni siquiera atiende a razones ni a explicaciones, el simplemente lo rechaza, le parece malo, y por eso no tiene ningún contacto con ello, es ese el tipo de pensamiento que debes de generar respecto a un vicio.

Por ejemplo, si eres un adicto a las drogas, deberías ser capaz de generar un completo rechazo, pensar que es malo. Igual al enamoramiento, el odio y el rechazo, es algo que también se alimenta y crece, y cuando es lo suficientemente fuerte, hace que algo sea insoportable. Es como cuando alguien te cae mal, te parece que todo lo que hace es malo, si sonríe piensas que es cínico, y sino sonríe piensas que es amargado. Así mismo deberías hacer respecto al vicio, todo lo que le veas debe ser malo, hasta no tolerarlo en tu vida.

Tu problema es que estas asociando una cosa destructiva con algo placentero, y debes de cambiar la asociación mental. Cuando pienses en un mal hábito no pienses en lo placentero sino en lo destructivo. Por ejemplo, cuando tú ves un vaso de veneno, no se te hace agua la boca ni te dan ganas de beberlo, no tienes ninguna asociación positiva hacia el veneno y por tanto lo rechazas, de esta manera no hay peligro de que lo consumas. Del mismo modo debes de hacer con el vicio, debes volver a generar la asociación negativa.

Actividad 14: Generar sentimientos de rechazo

De manera similar a como haces con alguien que no toleras, en el cual siempre estás pensando cosas malas, que le ves todos los defectos; entonces lo mismo debes hacer con el vicio. Para cultivar este tipo de pensamiento, escoge una actividad que no requiera mucha concentración, por ejemplo, en el transporte hacia el trabajo. En dicha trayectoria empieza a asociarle conceptos como el asco que puede producir, lo moralmente reprochable que pueda tener, el sabor amargo que realmente tiene. Es decir, piensa en las sensaciones y emociones que produce en las personas que lo rechazan, entre más sientas esas emociones, más fácil será rechazarlo. Realízalo por un mes, de esta manera tu subconsciente ira asumiendo esas sensaciones y de manera natural va a rechazar el vicio.

15. Programa tu mente positiva y superiormente.

El hecho de que un vicio te domine es porque crees firmemente que es difícil de superar, porque no tienes voluntad, porque siempre caes, y en general hay una programación mental hacia el fracaso que no ayuda en nada al momento de enfrentar el vicio.

Por ejemplo, eres una persona perezosa, adicta a dormir, no te gusta hacer nada, tanto esfuerzo es incómodo, solo quieres divertirte, procrastinas cualquier actividad, compromiso o tarea. Tienes el vicio de procrastinar, de aplazar las cosas, de dejar para lo último lo que implique esfuerzo. Mantienes una actitud de mala gana hacia las cosas que haces. En el fondo piensas que nada de lo que hagas va a cambiar tu vida. Este tipo de actitud negativa de ti mismo y hacia las cosas, obstaculiza cualquier cambio. Si cambias tu actitud, si piensas que no tienes pereza; de que cada cosa bien que hagas siempre te mejora como persona y mejora tu calidad de vida, entonces es probable vencer una adicción o mal hábito. Cambia tu actitud negativa, confía en ti, piensa que eres tan capaz como cualquiera, que has superado cosas más difíciles.

Cuando en medio de un vicio pensamos de forma superior, entonces el vicio pierde fuerza. Por ejemplo, en medio de una ira pensar que eres una persona inteligente y serena, y que debes actuar como tal, hará frenar mucho ese impulso de explotar. En momento de descontrol y de caer bajo, piensa que eres orgulloso y digno, que no te gusta rebajarte, que no te gusta pasar penas, que no te gusta que te tengan lastima, que lo que te gusta a ti es que te admiren. En momentos de debilidad piensa que te gusta mucho tener el poder, que te gusta controlar, que no te gusta ser débil, no te gusta la fragilidad, no te gusta rendirte, te gusta triunfar, te gusta el éxito, te gusta ganar.

Actividad 15: Programación mental

Separa un espacio en un fin de semana. Descubre que emoción te motiva más. El orgullo, la dignidad, el poder, la inteligencia. Escoge una de estas palabras y repite una y otra vez que eres así, piensa en lo bueno que es cultivar esa virtud. Si escoges el poder, piensa que eres una persona que mantiene el control, que dominas la situación, siente el placer de dominar, piensa en lo que puedes lograr obteniendo algo de poder. Imagina cómo te sientes de bien cuando eres alguien con poder, admirado, empieza a tomar el gusto por ello. De esta manera, cuando sientas la necesidad de complacer un vicio o adicción, pensarás que te gusta tener el control, y esto disminuirá enormemente el deseo de ceder ante el vicio. Para practicar este tipo de pensamiento, cuando estés en el trabajo, separa un espacio para ir a tomar agua, y mientras bebes, piensa en dicha virtud.

16. Definir lo que hará en el día.

La razón de la fuerza de tantos vicios, es que actúan de manera inconsciente y automática. Al no ser consciente de ellos, da la oportunidad de que aparezcan en el momento menos pensado, cuando estamos completamente desprevenidos. Hay que volver a tomar el control, definiendo en qué momento vamos a satisfacer el vicio, y todas las actividades del día.

Supongamos que eres una persona adicta a las compras, sientes el incontrolable impulso de comprar cosas, no puedes evitar gastar todo tu dinero hasta quedar sin nada. Debes de cambiar el chip acerca de que necesitas cosas para ser feliz, mire por ejemplo la gente del campo, solo tienen un lugar donde vivir y cultivan su comida, y aun así pueden llegar a ser felices. La gente gasta según tiene, y si gana más, entonces gasta más. Eso se debe a que no hay un estado de plenitud donde no se necesite nada, siempre buscaremos mejor calidad de vida, mayores niveles de comodidad y satisfacción, así que ese sentimiento es natural; pero debes aprender a ser feliz con lo que tiene y es capaz de conseguir. La planificación te ayudará a controlar el impulso de comprar. Antes de recibir el pago del mes, planifica como vas a distribuir tu dinero; primero las necesidades básicas, luego las deudas, después las inversiones y finalmente los gustos. Adicionalmente debes definir las fechas para hacer cada cosa. De esta manera el impulso de comprar disminuye considerablemente.

La planificación es un aspecto inteligente del ser humano que debe ser aprovechado. Miremos las empresas, ellos al empezar el año, hacen un presupuesto de las cosas que necesitan y que pueden gastar y se ajustan a ello. Debemos hacer lo mismo respecto al dinero que hemos recibido y respecto a nuestras acciones. Ahora bien, si el dinero es la energía que mueve la sociedad, entonces la voluntad es la energía que mueve nuestra alma (Anima - Emociones).

La fuerza de voluntad es la energía que necesitas para transformar tu vida. Poca fuerza de voluntad es poca energía para dominar las pasiones y vicios de tu alma. Al igual que el dinero que lo usas para gastarlo en cosas importantes, así mismo debes hacer con tu esfuerzo y energía personal. Si por ejemplo por las noches te dedicas a ver televisión hasta que te da sueño, entonces no te queda fuerza de voluntad para dedicarte a hacer ejercicios para superar el vicio. Debes de sacrificar una actividad que te consume tiempo y energía, y que no te deja ningún aporte, para reemplazarla por estos ejercicios que te ayudan a cambiar tu vida para bien. Es cuestión de saber invertir tu energía. Para saber invertir tu energía, debes hacer un presupuesto de actividades para el día, y cumplirlo. Debes acostumbrarte a actuar según tus planes y no según las circunstancias o planes del destino.

Actividad 16: Programar actividades

En las mañanas antes de levantarte, define todas las tareas que vas a hacer a lo largo del día, de esta manera el vicio no te tomará por sorpresa. Sacrifica una actividad que no te aporta mucho, para que esta sea reemplazada por una actividad que te ayude a superar el vicio. Define en que horarios vas a satisfacer el vicio. Crea una alarma en el celular que te avise cuando es hora de alimentar el mal hábito. De esta manera la mente se acostumbrará a que solo debe de satisfacer el mal hábito cuando suena la campana. Programa tu día de manera realista, y si por ejemplo sabes que no eres capaz de dejar de alimentar el vicio por más de dos horas, entonces programa para hacerlo cada hora. Lo importante es hacerlo cuando lo hayas programado. Este es el inicio del autocontrol.

17. Entrena tu voluntad

La voluntad es una cualidad del espíritu, porque voluntad es libertad, es fuerza, es actividad y en general es estar vivo. La voluntad está muy relacionada con valores como la fuerza, la tenacidad, el coraje, las ganas de luchar. Debes de ser consciente que, si un vicio te vence, entonces cualquier cosa te vencerá; pero si superas un vicio, superaras cualquier cosa. Debes tomarte el vicio con la seriedad que enfrentas cualquier reto, aceptar que debes de hacer los sacrificios que son necesarios, hacer con el esfuerzo y la dedicación que se enfrenta cualquier reto. Todos los seres humanos debemos esforzarnos en algo. Hay un esfuerzo que hace una madre soltera por criar a su hijo sola, hay un esfuerzo que hace el enfermo por salir de la enfermedad, y esta el esfuerzo que debe de hacer alguien por superar un vicio.

Superar un vicio es el mayor reto a nivel individual de un ser humano, y como diría buda: "Mejor que derrotar a mil hombres en mil batallas, es mejor la victoria sobre uno mismo". No hay actividad más importante que superar ese vicio que te está destruyendo, así sea que en otros aspectos de la vida no logres mucho. Reflexiona, ¿Quién puede pretender ser libre cuando es esclavo de sí mismo y sus vicios?, ¿Quién puede pretender obtener triunfos en la vida cuando ni siquiera es capaz de lograr triunfar sobre sí mismo?... En la medida que logres vencer tus debilidades, en esa medida tendrás la fuerza para lograr todo lo que te propongas. Si eres una persona que te puedes controlar y superarte, dejarás de ser tan esclavo de las circunstancias y de tu subconsciente, y tendrás vía libre para desarrollar todas tus ideas. Porque, al fin y al cabo, el éxito en la vida se mide por la cantidad de acciones positivas que hagas, de pasar de hacer acciones autodestructivas a hacer acciones constructivas y beneficiosas para sí mismo.

La voluntad es un músculo que ejercitas como cualquier músculo en el gimnasio, debes aprender a forzarla, a resistir cosas, a hacer cosas. Del mismo modo que en el gimnasio realizas ejercicios con diferentes máquinas para desarrollar diferentes músculos y así obtener un buen cuerpo, así mismo debes hacer para desarrollar un cuerpo de voluntad, en el que realizas actividades que impliquen esfuerzo, sacrificio, aguante, resistencia, constancia, cumplimiento. Piensa en el vicio como algo que puedes superar con cierta cantidad de práctica. Tu vicio está compuesto por un número de veces que lo realizas, por ejemplo, si es el vicio del cigarrillo, entonces supongamos que fumas 20 veces al día. Para iniciar, empieza con un reto suave, es decir, fumar 19 cigarrillos en un día. No te vayas a entusiasmar y pongas un reto difícil como el tratar de fumar solo 10 veces, ya que terminarás por no hacerlo. Una vez lo logres, en el próximo mes intenta fumar solo 17. Hazlo poco a poco, sin afán, lo importante es que al igual a como haces cuando vas a un gimnasio, no abandones la programación que te has trazado.

Es importante llevar un registro de todos tus esfuerzos, de tus triunfos y fracasos. Para ayudarte a la programación necesitas un calendario, ya que es una manera visual de marcar tus progresos.

Actividad 17: Desarrollo de la voluntad

Si tu vicio es una vez al día, entonces consigue un calendario por días, si tu vicio es varias veces al día, entonces crea un calendario por horas. Las actividades que hagas deberán ser por un mes. Ubica el calendario en un lugar visible. Marca con un circulo las horas o los días en los que harás el vicio, marca con una X en la medida que triunfes sobre una hora o día, deja en blanco cuando no logres lo propuesto.

Hacer esto de manera visual y estar viendo tu progreso a diario, hará que veas tus fracasos. Llevar el progreso de una manera tan gráfica, nos ayuda a querer hacerlo mejor cada día, ya que superar records está relacionado con nuestra naturaleza competitiva.

18. Repetir una y otra vez

Sabemos que el origen de las acciones son los pensamientos, usted no puede hacer algo que primero no haya ocurrido en la mente, así sea a nivel subconsciente. Miremos este sencillo ejemplo: Usted no se puede reír de un chiste que no se sabe, ni sentirse ofendido de algo que ya olvidó. Todo surge en la mente y usted debe de tenerlo presente en la pantalla mental para poder reaccionar ante ello. El acordarse de lo que debemos hacer y olvidar lo que no debemos hacer es el principal problema. Tenemos muchas cosas pendientes por hacer, y se nos olvidan, y si no nos acordamos de lo que tenemos que hacer, entonces no lo hacemos. La clave para recordar es la repetición, y entre más se repita, con el tiempo pasa al subconsciente y se hará de manera automática.

La recomendación es que leas repetidamente este libro, repasa un punto a diario, señala las frases que más te llamen la atención y apréndelas de memoria, de esta manera tu mente las tendrá presente. Lo importante es que tu mente sepa que debe de hacerlo, llegará el momento que lo sabrás de memoria, y antes de caer víctima del vicio, empezarás a tener unos argumentos mentales que recordarás aplicar y te ayudarán a superarlo. Es muy similar a cuando vas a una tienda y el vendedor te empieza a convencer de comprar su producto, pero como tú en la mente tienes otros argumentos, entonces no te dejas convencer. Ese vendedor es el vicio, que a todo momento trata de convencerte, pero ya con los nuevos argumentos de este libro, será difícil que te convenza.

No importa que caigas víctima del vicio, en tanto repitas las recomendaciones, y lo intentes día a día, esto hará impacto en tu subconsciente en un mediano plazo. Por ejemplo, hay traumas que se sufren de niños, y solo vienen a impactar de adultos, y es porque ese pensamiento quedó registrado y buscó las condiciones para manifestarse. Si tú siembras este tipo de pensamientos, y además lo repites, en algún momento dará su fruto. No puedes pretender que un vicio que has cultivado por años, lo dejes de un día para otro. Antes no tenías tantos argumentos para superar ese hábito, ahora tienes una cantidad de argumentos que le repites a tu mente, y que surgirán en tu ayuda cuando el vicio ataque. Entre más lo repitas estarás creando el poder de la sugestión.

Hay que llenar la mente de muchos argumentos que ayuden a vencer el vicio. Si puede complementar este libro con otros libros relacionados, y aprender de memoria las principales frases, entonces mucho mejor. Es como cuando alguien se aprende cada versículo de la Biblia o del Corán, que sigue estrictamente las enseñanzas. Aprende el conocimiento que te ayudará a superar este reto.

Actividad 18: Repetición de frases

Señala las frases del libro que más te impacten, y luego anótala en un papel de apuntes donde la puedas ver visiblemente. Agrega una alarma al celular para que te recuerde la frase en un determinado momento. Repite a lo largo del día una de las frases que más te llame la atención y úsala como motivación para superar el vicio. Separa un espacio de 5 minutos diarios para leer un párrafo del libro, realízalo por 3 meses.

19. Creencia, fe y confianza en ti mismo

Las creencias, son una fuerza incontrolable en el ser humano, por ellas, una persona es capaz de matar o morir sin remordimiento, y con su poder una persona puede controlar algo tan fuerte como un vicio. Muchos han pasado años en las drogas, han cometido toda clase de crímenes y han sido redimidos por el poder de la fe.

Desde el principio de los tiempos el ser humano ha sentido un instinto natural por buscar algo superior a él, dependiendo de la cultura y los tiempos, las personas desde su limitado conocimiento, han creado arquetipos que representan esa fuerza o inteligencia superior que ordena el caos y da movimiento a las cosas. Las creencias que surgieron en las antiguas civilizaciones de Sumeria y Persia, son las mismas que han alimentado las principales religiones del mundo a lo largo de los tiempos. Independiente del arquetipo que represente a ese ser superior en una cultura, el hecho es que esa fe, puede llegar a ser muy poderosa como ningún otro tipo de fuerza.

No soy religioso, pero debo dar crédito que muchas de estas religiones como las evangélicas o testigos de Jehová, han ayudado en la recuperación de drogadictos, alcohólicos y asesinos. Eso es algo que nadie les puede quitar, y si crees en Jesús puedes buscar ayuda en estas iglesias. Mucho mejor si son fanáticas, porque el fanatismo es aun superior a la creencia, y con esa firme convicción se puede superar cualquier tipo de pensamiento vicioso. Por lo general este tipo de comunidades siempre tienen un fuerte lazo de unión entre sus miembros, y siempre están dispuestos a recibir con los brazos abiertos a quienes necesitan su ayuda. Acércate, diles que necesitas ayuda, no tienes que confesar necesariamente tu adicción, y entre todos te ayudarán, jamás encontrarás en ninguna parte tanto apoyo y desinterés como en este tipo de comunidades, porque están convencidos que actúan en nombre del bien. Es mejor pasar un año en estas comunidades, que no pasar toda la vida sometido por un vicio, así que debes elegir.

Si no eres un hombre de fe, entonces tendrás que hacer más esfuerzo de tu parte, porque en este caso no esperas ayuda, y esto representa un esfuerzo mental adicional. Al momento de enfrentar un reto, no es lo mismo aquel que se esfuerza y además tiene fe en la ayuda de un poder muy superior, a aquel que se esfuerza y no cree en nada. Esa fe que el creyente tiene en un ser superior, vas a tener que trasladarla a ti mismo, y estar convencido de que tienes la fuerza para superar la situación. Si tú no crees en ti mismo, o no crees que lo puedas superar, entonces has sido derrotado antes de empezar. Dentro de ti, tienes que encontrar los argumentos que te ayuden a tener confianza en ti mismo. Para reforzar este punto de la confianza en ti mismo, deberías darle oportunidad a las filosofías que hablan del potencial del ser humano y del poder de la mente, de esta manera tu cerebro empezará a sobredimensionar tus capacidades, y será más probable que tengas fuerzas para superar un vicio.

Si no crees en una fuerza superior ni en una versión superior de ti mismo, entonces puedes depositar tu confianza en los programas sociales del gobierno. El gobierno generalmente tiene unos programas para la rehabilitación de las personas, tiene becas y oportunidades. Recomendaría que, si tu vicio te está destruyendo, entonces es mejor que busques un espacio en instituciones del gobierno como el ejército. Si no quieres asistir a una institución religiosa, entonces el ejército es la siguiente mejor opción, es preferible estar en el ejército, que ser consumido por una espiral de autodestrucción del vicio. Adicionalmente, la ciencia ha realizado grandes avances en la investigación del cerebro y es posible encontrar todo tipo de drogas que pueden ayudar al control de la conducta; para ello recomiendo buscar un médico, que te pueda recetar algo al respecto.

Actividad 19: Grupos religiosos

Los fines de semana asiste a reuniones de grupos religiosos en tu zona, escoge a aquellos que más firmes están en su fe.

20. Redirija la corriente del placer, transforme

El placer es un impulso natural que sentimos hacia las cosas, y es el que nos motiva para movernos en una dirección, solo a través del deseo de sentir placer, es que nos esforzamos de una manera que no se puede lograr fácilmente con otro medio. El problema con el vicio, es que nos ofrece una satisfacción inmediata a ese deseo, cosa que no tiene los buenos hábitos. Por otra parte, está la motivación que nos ofrece una meta, pero el placer que promete es algo alejado en el tiempo y requiere dosis de sacrificio y displacer para lograrlo, si es que se logra. Pero hay forma de solucionar este tema, y es a través de la imaginación, ya que la mente no suele distinguir a nivel subconsciente, lo que es real, de aquello que imagina.

Todos tienen obscuros deseos, todos sienten algún placer culpable e inconfesable. Mire algo tan sencillo como una relación y lo fácil que es perder el deseo por tu esposa y sentirlo por alguien más, hasta llegar a ser infiel. Por ejemplo, eres alguien que tienes una mujer que te quiere, que te aporta bastante a tu vida, y además dos hijos para educar. Un día, vez a su sexi hermana en una tarde solitaria, y te produce toda clase de pensamientos, te produce deseos que tu esposa ya no despierta en ti, quieres dejarte llevar, piensas que con suerte no la dejas embarazada, que tu esposa no se entera, piensas en hacerle el amor en formas que a tu esposa no le harías. Entre más piensas así, más deseos sientes por esa persona. Este deseo es algo muy natural, peor fuera que no sintieras nada; sin embargo, un hombre inteligente siempre mide las consecuencias de sus actos y por eso se detiene. Pero, ¿qué pasaría si durante un periodo de tiempo te encontraras diariamente a solas con la hermana de tu esposa?. La solución está en volver a sentir deseos inmensos por tu esposa, de tal manera que no sintieras la necesidad de suplirlos en otra parte. Ese deseo, esos pensamientos que te produce la hermana, deben ser redirigidos hacia tu esposa.

Cuando se siente ese impulso y la corriente del placer se quiere dirigir hacia lugares que no son los más convenientes, usted debe de volver a conectar su mente y la corriente del placer, con aquello que usted sabe que debe de hacer. Usted debe de sentir placer por lo que debe de sentir placer, y debe de rechazar lo que debe de rechazar. Cuando hace lo contrario, es decir, siente placer por lo que no debe y rechaza lo que debe de desear; entonces usted puede destruir su vida. Por eso es que hay que hacer las asociaciones correctas en la mente de manera consciente, y es tan fácil como pensarlo una y otra vez. Piense en porque debe de rechazar lo que debe de rechazar, y rechace, y porque debe de sentir atracción por lo que debe de sentir atracción, y sienta atracción.

Actividad 20: Enfocar el deseo

Vaya un lugar donde realice una actividad que le dé tiempo para pensar. Recomiendo asistir al baño turco 3 veces a la semana por 3 meses. Mientras permanece allí, cierre los ojos, y aproveche para redirigir la corriente del placer, hacia aquello por lo cual quiere sentir deseos nuevamente. Supongamos que eres un adicto a las drogas, entonces debes visualizar y sentir el placer de hacer deporte, de superar a otros, de tener una figura esbelta, de ser resistente y fuerte. Entre más piense en ello, más desprecias la sensación de debilidad que te puede dejar el vicio.

21. Preparación es todo lo que necesitas para superar el vicio

Uno de los secretos para triunfar en cualquier proyecto, es la preparación. Por ejemplo, un boxeador para lograr vencer a su rival, pasa largas jornadas preparándose. Muchas veces, el deportista que logra la medalla de oro, por lo general es el mejor preparado. La clave para vencer el vicio está en el nivel de preparación previa. Es decir, realizar una serie de ejercicios previos, para que cuando sientas el impulso de alimentar el vicio, esos ejercicios te hayan preparado para vencer.

Es muy difícil vencer el vicio en el preciso momento que te da el deseo, por eso es que hay que preparar la mente con anterioridad, para que cuando surja las ganas de alimentar el vicio, tu mente esté bien preparada para no ceder a la tentación. Es como el estudiante que se preparó bien para el examen, llegado el momento responde todas las preguntas sin ningún esfuerzo. Del mismo modo, no puedes pretender vencer un vicio, para el cual no has hecho una preparación previa. Del mismo modo que para aprender a manejar carro, fuiste por varios días a un curso práctico, también deberías tener una preparación práctica para el dominio de tu personalidad.

Debes de prepararte a nivel mental y físico, adquirir una teoría y una práctica, que te ayuda a superar una situación en específico. Deberías devorar la cantidad suficiente de libros que te den información sobre la conducta, sobre la superación, sobre la voluntad, para que tu mente tenga unos argumentos para vencer el vicio. Tu mente debe quedar tan sugestionada, como sucede cuando hablas con alguien de un culto y que se sabe la biblia de memoria, que no tienes manera de poder decirle algo.

Por otra parte, deberías hacer una serie de prácticas que te ayuden a dominar tu personalidad. Deberías de hacer todos los actos posibles que estén en tus manos para poder vencer el mal hábito. Existen técnicas de visualización, meditación, ejercicios de respiración y muchos más, que podrás encontrar en muchos libros de superación personal. Todos ellos son efectivos, unos más que otros, la clave está en la dedicación que tengas para realizar los ejercicios. Para ilustrar este punto, de seguro tú conoces el Paint, un programa que sirve para dibujar y que viene instalado con el Windows, este programa seguro no es tan avanzado como el Photoshop, pero hay quienes pueden hacer dibujos maravillosos utilizando esa sencilla herramienta. Lo que te quiero decir es que no importa la técnica, no pases tu vida buscando el mejor de todos los trucos, ya que con cualquier herramienta o método, puedes hacer cosas maravillosas, lo importante es la dedicación a la práctica.

Existe la programación mental, que a través de la constante repetición de unas frases y haciendo del mismo modo que hace un hipnotista o un fascinador; logra insertar nuevas órdenes al subconsciente. Tu puedes programarte a lo largo del día para vencer específicamente un momento en el que sabes que el vicio te va a atacar. Pensemos en este caso, imagine a dos amantes que se han separado, y llega el día en que deben volver a verse, ambos desean decir lo mucho que se extrañan, pero por orgullo se repiten en sus mentes que no lo van a decir, que se van a mostrar indiferentes, se mantienen firmes en esa decisión, y luego llegado el momento, no demuestran sus sentimientos y son indiferentes. Con el vicio es lo mismo, debes de repetirte a lo largo del día que no lo vas a hacer, para que una vez llegue el momento, seas capaz de detenerte.

Actividad 21: Preparación previa

Define un momento del día en el que eres más propenso a alimentar el vicio, define el tipo de pensamiento que suele pasar por tu mente cuando sientes deseos de buscar el vicio, elije un lugar en el que siempre sueles ser débil ante el vicio. Escoge una frase que te vas a repetir a lo largo del día, por ejemplo: "yo puedo dominarte". Adicionalmente, deberás estar muy alerta a las señales que despiertan el vicio, y en dicho momento, concentrarse en la frase, y luchar por evitar que surja la acción.

22. La clave de la constancia

Seamos sinceros, la raíz de todo el problema es que no eres constante. Métodos hay muchos y seguirás encontrando nuevos métodos que de seguro te parecerán muy buenos, los cuales practicarás por 3 días; pero luego de perdido el entusiasmo y lo novedoso que te pueda parecer, entonces abandonarás. Luego, siguiendo ese instinto natural de buscar soluciones y que no te gusta rendirte, entonces buscarás más información en otro libro, para luego volver a abandonar.

Estamos de acuerdo que, para lograr cualquier cosa, se requiere cierto esfuerzo y constancia. Por ejemplo, un empresario para triunfar en sus negocios, pone a prueba nuevas ideas y se esfuerza por triunfar en medio de tanta competencia. Más de la mitad de emprendedores fracasan en sus intentos de montar una nueva empresa. Muchas veces, la diferencia está en la constancia. Si fuera fácil, todos serían exitosos empresarios. Lo mismo sucede con el vicio, superarlo requiere un esfuerzo especial que muy pocos están dispuestos a hacer.

Este aspecto de la personalidad acerca de ser constante, tiene que ver mucho con la educación de nuestros padres. Si desde pequeños nos enseñan a luchar por las cosas, a hacer ciertos sacrificios, y al mismo tiempo nos dan las dosis naturales de amor y motivación, entonces siendo personas emocionalmente sanas, podríamos tener la constancia para lograr lo que nos proponemos. Desafortunadamente nuestros padres no tienen conocimiento acerca de la conducta humana. Muchos jóvenes crecen en medio de carencias y de vacíos emocionales, que cuando son adultos están tan llenos de complejos, que su mente no es capaz de ver más allá de los problemas. En el otro extremo están jóvenes que crecen teniéndolo todo, que su mente y cuerpo no están acostumbrados a recibir un no por respuesta o a esforzarse por obtener algo, luego, cuando son grandes, cualquier cosa que implique esfuerzo es naturalmente imposible.

En la sociedad en que vivimos es realmente difícil triunfar en algo por tus propios medios. Las largas jornadas laborales te quitan todo ánimo de hacer algo adicional, y luego de terminar el día, solo quieres algo de entretenimiento para olvidar el estrés de la oficina, así que te dedicas a mirar las redes sociales o a ver televisión. Si alguien en estas condiciones pretendiera hacer un esfuerzo adicional, no podría, ya que tendría que renunciar a su trabajo, o por las noches renunciar a ver televisión. Todo nuestro tiempo está ocupado entre el duro trabajo del día, y el anhelado entretenimiento de la noche, no da para pensar o hacer otro tipo de proyectos que requieren grandes esfuerzos. Por otra parte, nuestra sociedad no tiene programas que ayuden a solucionar conflictos de la personalidad, ya que, a un vicioso, lo meten a la cárcel, en vez de ayudarle a solucionar su conflicto. A diferencia de alguien que quiere hacer deporte, que encuentra coliseos donde entrenar, profesionales que sirven de guía, ya respecto al dominio de la personalidad, lo tienes que hacer tu solo.

En medio de todo lo anteriormente mencionado, estás tú, y siendo sincero en medio de tales condiciones es difícil superarse, pero hay métodos. Lo primero que debes hacer es ponerte retos que puedas superar, y para ello debes de fragmentar tus metas en pedazos muy pequeños. Imaginemos que usted ha ido al supermercado y tiene 20 bolsas para empacar en el carro, si usted trata de empacarlas al mismo tiempo será difícil, pero si toma de a 3 bolsas, entonces podrá terminar su labor. Suena lógico; pero aunque no lo crea, en la vida diaria la gente se somete a situaciones muy por encima de sus fuerzas, se llenan de responsabilidades más allá de lo que son capaces de cumplir. El secreto para vencer cualquier situación por difícil que sea, es no abarcar esfuerzos más allá de tus propias fuerzas. Si algo es muy difícil, entonces tome una porción más pequeña de esfuerzo.

La segunda clave para ser constante, es tener la claridad de que no puedes realizar todas las cosas al mismo tiempo, así que debes de hacer sacrificios. Es como cuando tu ahorras a lo largo del año, al final te sientas a pensar, si con ese dinero ir de vacaciones a otro país o comprar un auto nuevo. Tienes que tomar una decisión, ya que definitivamente con ese dinero no puedes hacer las dos cosas al mismo tiempo. En este ejemplo el ahorro se refiere a la energía que tienes, a las ganas de hacer las cosas, y debes de elegir entre las cosas que estás haciendo actualmente o dedicarte a una rutina para vencer el vicio. Si tratas de vencer el vicio y al mismo tiempo tratas de hacer las cosas que normalmente haces, entonces no podrás hacerlo, porque no tendrás la energía, ánimo y disposición para terminar la tarea. De todas las actividades que realizas en tu vida, la primera y más importante es la que te ayuda a vencer el vicio, todas las demás pueden ser desplazadas a un segundo plano.

Actividad 22: Sacrificio y constancia

Haga una lista de todas las actividades que realiza en el día, elije una que debes de sacrificar, para así dar espacio a una actividad que te ayudará a vencer el vicio. Esa actividad, es la que te va a preparar para que cuando llegue la hora de enfrentar el vicio, tengas la suficiente fuerza para no dejarte vencer. En este libro encuentras todo tipo de tareas de programación mental, visualización, ejercicios de respiración. Si quieres tener éxito en la realización de los ejercicios, entonces empieza a realizarlos de a poco. Si por ejemplo no eres capaz de dedicarte 20 minutos diarios, entonces realiza

5 minutos diarios, y si 5 minutos diarios es difícil, entonces realiza 1 minuto diario de cualquiera de estos ejercicios, lo importante es que lo puedas realizar diariamente. Después de un mes de haber sido constante, aumenta tu esfuerzo a 2 minutos diarios. Lo importante, es que siempre realices una actividad que te prepare para vencer el vicio.

23. Enviar mensajes al subconsciente por medio de la visualización y el símbolo

Como muchos saben, el lenguaje del subconsciente son las imágenes, el símbolo. Esto se debe a que la vista lleva millones de años más desarrollada que la voz y que la escritura, y por tanto la manera de interactuar con el mundo, era a través de las cosas que observábamos. Es por eso que en las diferentes culturas utilizaban toda clase de simbólicos rituales, que ayudaban a sugestionar su mente de una mejor manera. Por otra parte, el ritual era efectivo en la medida de la dificultad, ya que como todos sabemos, siempre valoramos más las cosas que nos son más difíciles. El hecho es que, si quieres impactar a tu mente de una manera más efectiva, deberías utilizar los símbolos.

En los antiguos tiempos, diferentes culturas realizaban toda clase de rituales. Por ejemplo, se dice que los egipcios escribían el nombre de sus enemigos debajo de sus sandalias, para que a medida que avanzaran sintieran esa sensación de que estaban aplastando a sus enemigos. Cosas muy similares puedes hacer respecto al vicio. Puedes escribir el nombre del vicio en un papel y luego echarlo en el sanitario, y si quieres impactar el subconsciente con más fuerza, entonces aumenta el grado de dificultad, llevando ese papel a un rio lejano. Por otra parte, estas mismas prácticas las puedes hacer a través de la visualización, ya que la mente a nivel subconsciente, no suele distinguir entre realidad e imaginación. Por supuesto el simbolismo que se maneja a nivel físico es más efectivo que usar la imaginación, por el

tema del nivel de dificultad y porque intervienen más sentidos físicos, lo cual impacta más la mente.

Todo lo que nos rodea está influenciando el subconsciente. La mayoría de nuestras acciones están gobernadas
por el subconsciente, ya que es difícil mantener la conscien-
cia fija en tantos aspectos. Por ejemplo, usted lee este libro
con atención, pero no puede al mismo tiempo ser consciente de la posición en la que está sentado, la forma en la que
usted coge el libro, cuánto tiempo lleva leyendo, todo eso
son funciones del subconsciente. De todas maneras, la mente siempre esta alerta a todo, y si por ejemplo mientras usted
lee, escucha una explosión de fondo, usted se levantaría e
iría a revisar de que se trata. Explico todo esto con el fin de
que usted entienda de que todo lo que le rodea, esta alimen-
tando e influenciando su conducta. Esto también se explica
con el descubrimiento que se hizo de las neuronas espejos
en nuestro cerebro, que tienen por función imitar las cosas
que vemos.

Por mucho tiempo se ha hablado de los mensajes subliminales, los cuales eran mensajes elaborados con el fin de
aprovechar la falta de atención a algunos detalles, para así
llevar mensajes al subconsciente. Un boxeador para motivarse y ser mejor cada día, puede poner la imagen de Mike
Tyson, y otros boxeadores de éxito, y esto a nivel subconsciente le da impulso para esforzarse a la hora de hacer ejercicios. Otro ejemplo, es con nuestras abuelas, ellas tenían
una fuerte creencia católica y cristiana, y ellas ponían una
imagen del Arcángel san Miguel como símbolo de protec-
ción del hogar. En otros casos, muchos ponen la imagen de
Einstein de fondo mientras están estudiando. Usted puede
enviar mensajes subliminales que ayuden a vencer el vicio,
poniendo imágenes, símbolos y frases a su alrededor, que
representen fuerza, virtud y poder. Mejor que llenar su mente del texto de muchos libros, es inundar su mente de imágenes y símbolos con el mensaje adecuado.

Para finalizar este punto es importante hablar de los arquetipos, durante mucho tiempo las culturas han creado arquetipos para representar las fuerzas invisibles de la naturaleza, por ejemplo, los romanos tenían un dios para cada cosa, el dios de la agricultura, la diosa del amor, etc. Así mismo, a las fuerzas destructivas se les ha llamado demonios, y se representan con figuras deformes, en forma de animales y con un aspecto agresivo. Todo depende de la naturaleza de la fuerza que se representa, por ejemplo, los súcubos e íncubos que son generalmente relacionados con los demonios de la lujuria, en algunas representaciones, los hacen como mujeres de belleza fatal. El hecho es que necesitamos tener algún tipo de relación con las fuerzas invisibles, y la única manera es a través de figuras arquetípicas. Ayuda mucho el tener una representación del vicio a nivel de la imaginación, para poder operar sobre él. Esto será más efectivo, cuando el arquetipo es reconocido a nivel colectivo.

Actividad 23: Ejercicios de visualización

Haga una representación del vicio, dependiendo de su naturaleza, como un aspecto esencial, es importante que la representación incluya algunas formas animales y agresivas, porque es la mejor manera que se puede representar los instintos. Por ejemplo, para representar el vicio de la gula, lo puede representar con cara de cerdo, ya que es el animal que mejor representa el descontrol en la comida. Visualice que usted domina esa representación, que la amarra con unas cadenas, y que luego la lanza a un lejano rio de fuertes corrientes. Otra forma de operar sobre este símbolo, es encerrarle en una habitación y dejar allí hasta que muera de hambre. Realice este ejercicio por 3 meses.

24. Concentrarse en el desarrollo de un hábito positivo y en mejorar la calidad de vida

Los vicios nos dominan en la medida de nuestra fragilidad, no suele suceder que una persona con recio carácter y firme determinación sea una persona consumida y humillada por un vicio. La fragilidad en cualquier aspecto, siempre está sujeta a cualquier tipo de abuso. Miremos por ejemplo en la naturaleza, los depredadores por instinto atacan a las presas más débiles y más enfermas. Nosotros los seres humanos también tenemos estos instintos. Por ejemplo; en las escuelas, los niños en su mente inmadura, de manera instintiva siempre buscan someter a los niños de carácter más débil, y el niño que es víctima, a esa tierna edad no sabe cómo manejar conflictos en las relaciones interpersonales, no sabe de estrategias, y por eso, en su escaso conocimiento solo ve como opción responder de manera agresiva, y esta conducta aprendida, será la forma de reaccionar ante cualquier conflicto de su edad adulta.

Una persona con conflictos emocionales, llena de confusiones mentales, con problemas en las relaciones interpersonales, y además llena de deudas, es fácilmente presa de los vicios. Esto se debe a que una persona en medio de dificultades, llena de estrés e insatisfacciones, suele necesitar más dosis de placer y entretenimiento, lo cual es algo que provee de manera inmediata un vicio. Al buscar el vicio, este lo va haciendo una persona más impulsiva, haciendo que cada vez sea más incontrolable. La solución estaría en solucionar muchos de sus conflictos, mejorar las condiciones de vida,

67

mejorar la salud emocional, para así no necesitar con tanta urgencia algo que le brinde placer de manera inmediata. En la medida que una persona solucione sus conflictos personales, será menos dependiente y tomará el control de la situación. Cada dificultad que soluciona lo hace más inteligente y fuerte. Usted puede volverse alguien muy inteligente en la medida que cada día dedique su pensamiento a buscar soluciones, a averiguar el modo de solucionar cualquiera de sus conflictos personales. A lo largo de la vida podemos desarrollar varios tipos de inteligencia: Inteligencia criminal, inteligencia para los negocios, inteligencia científica; pero la que realmente merece ser desarrollada, es la inteligencia en la vida diaria, que te capacita para solucionar tu vida, para solucionar tus problemas de relaciones interpersonales, para hacer rendir tu dinero.

Ya lo he hablado en puntos anteriores, no podemos lograr todas las cosas que queremos al mismo tiempo, no podemos intentar vencer todos los retos que se nos presenta en un mismo instante. Así que no es fácil que usted trate de solucionar los problemas de su vida, sus problemas económicos, y al mismo tiempo trate de vencer una adicción, es una carga demasiado pesada, y nadie suele tener tanta energía y fuerza de voluntad para superar todo eso. Por eso la recomendación es que escoja un reto, una habilidad, y sea exitoso en ello. Hay muchos talentos que son necesarios en la vida diaria: Habilidades de comunicación, liderazgo, habilidades físicas, entre otras.

Hay un talento en específico que usted debe desarrollar para solucionar un aspecto específico de su vida. Una vez usted desarrolle un determinado talento, ese talento se convertirá en un poder, que le ayudará a superar cualquier dificultad. Miremos el caso de un deportista, muchos nacen en las peores condiciones económicas, llenos de conflictos emocionales; pero luego se dedican con esfuerzo y dedicación a hacer un determinado deporte. Finalmente, después de años de dedicación a ese deporte, logran triunfos importantes, y esto les permite superar la mayoría de dificultades, incluso alguna adicción. Otro ejemplo sería el de los humoristas o incluso el que tiene una capacidad innata para vender, ellos pueden llegar a superarse a través del inteligente uso de estas habilidades.

Lo que nos define como personas, son nuestras acciones. Usted puede ser el hombre con los más nobles ideales, puede ser un hombre sabio e inteligente que con sus ideas puede cambiar el mundo; pero si no tiene actos que lo respalden, solo es un sujeto más con ideas como cualquiera. Todos los hombres tienen las mismas capacidades, no suele haber un hombre que sea descomunalmente inteligente, que sea la siguiente escala en la evolución; pero lo que si hay, son hombres con acciones acertadas, que benefician positivamente su vida. La diferencia entre un hombre y otro, está en sus actos. Revisa todas tus acciones, evita cosas que no llevan a ninguna parte o que son de poca importancia, porque no solo es el vicio que te está destruyendo, sino que hay otras cosas que estás haciendo mal o no aportan nada a tu vida. Si no eres capaz de controlar el vicio, entonces que tus otros actos no te lleven a la destrucción. Recuerda, todo lo que tú haces genera una consecuencia. Mejor es que lo que hagas ahora, construya la vida que quieres a futuro.

Actividad 24: Cultivar talento

¿Tiene algún talento?, ¿hay algo que realmente te guste?, ¿Cuáles de las cosas que eres capaz de hacer pueden cambiar tu vida positivamente? Toma el tiempo que necesites para elegir una buena decisión, luego empiece a realizar esa acción, esa habilidad, no importa si te lleva el resto de tu vida, lo importante es que sea algo, que sea capaz de definirte más allá del vicio. Respecto a las acciones diarias, escoge a aquellas que representan más valor, y al final del día pregúntate:

¿Este día se perdió?, y al comenzar el día te repetirás: Este día no se perderá. Luego, al otro día mejora tu marca, haz las cosas mejor que el día anterior.

25. La clave para mantener un buen estado de ánimo

Todos los seres humanos tienen dificultades, no existe el caso de una persona que haya pasado por esta existencia en limpio y no le haya pasado nada. Todos los días las personas enfrentan toda clase de retos. Todas las situaciones representan ventajas y desventajas, todo tiene sus pérdidas y sus ganancias, forma parte de vivir. Por ejemplo, un empresario debe de enfrentar decisiones que le pueden hacer perder millones en un instante, tiene que enfrentar a la competencia, solucionar problemas con los empleados y muchas cosas más, mientras que, en el otro extremo, está el pobre que día a día tiene que pensar cómo va a conseguir la comida para alimentar a sus hijos. Todos se enfrentan a retos día a día, la diferencia está en la forma de afrontar las dificultades, y en las soluciones que aplica.

El problema de la mayoría de las personas, está en su estado de ánimo y actitud frente a la vida, piensan que las dificultades que tienen, son las más difíciles, creen que son las únicas personas que les ocurre ese hecho en especial. Luego, se sumergen en un mar de depresión, de autocompasión, de tristeza, entonces, adicionalmente al problema que ya tienen, se une su propio estado de ánimo que le sabotea cualquier intento de solucionar. Usted debe de enfocar su mente en la solución, lo que no puedes hacer es tener un vicio, deprimirte por tal motivo, y luego no hacer nada. El luchar contra un mal hábito y la preocupación que eso le genera, lo que hace es alimentarlo más, y todas sus fuerzas se están perdiendo en un forcejeo que no conduce a nada.

No asuma una posición negativa o esa actitud de que no se puede. Tampoco asuma la actitud de víctima, ya que a las victimas les sucede todo tipo de tragedias. Usted no es la víctima, usted no es el débil cordero, usted debe ser el feroz tigre. Deje de comportarse como un niño temeroso, asuma su posición de hombre valiente. Tenga una actitud de superioridad ante los problemas. Usted puede estar derrotado en todos los aspectos; pero no permita que esto llegue a su mente. Si usted piensa que contra algo no se puede hacer nada, ya usted declaró su derrota; pero si mantiene en su mente la intensión de que se puede, entonces es más probable que lo logre. En la superación de sus dificultades personales esta la muestra y aplicación de todo su capacidad y talento. A través de hacer el esfuerzo por superar estos retos personales usted desarrolla fuerzas y talentos que no sería posible desarrollar con leer libros.

El sentimiento de culpa frente a los errores cometidos, es algo a lo que muchos se aferran como excusa para hundirse en la autocompasión y así evitar el esfuerzo que implica superarse. Debes abandonar ese sentimiento, todos cometen errores, y si tus actos afectan a unas personas, entonces tus actos deberán beneficiar a otras personas. Las personas perdonan, cuando tus actos son capaces de lavar todas las calamidades hechas, y tú serás capaz de perdonarte el día que a través de tu esfuerzo, logres algo que te haga feliz.

Actividad 25: Actitud positiva

Debe de hacer un seguimiento a su diálogo mental negativo, descubra las situaciones en las que se menosprecia, en las que siente lastima por usted, en las que piensa que es muy difícil. Una vez descubra como es su forma de pensar negativa, lea libros que ayuden a desactivar esa forma de pensar, separe frases que más le llame la atención y apréndalas de memoria. Esas frases serán su nueva forma de pensar positiva.

26. El ayuno de los sentidos

Somos lo que alimenta nuestros sentidos. Diariamente nuestra mente es inundada por cientos de impresiones, que en algún momento formarán parte de nuestra forma de pensar. La cultura, la educación, los padres, los medios de comunicación, los libros y páginas web que leemos, todo eso al final influye en nuestras decisiones. También sucede que cuando adolecentes, en nuestra mente inmadura, y cuando nos enfrentamos a situaciones extremas, tomamos decisiones equivocadas, pero que desde el punto de vista de un adolecente, estaban bien. Esas decisiones tomadas de manera inconsciente, no suelen cambiarse cuando adulto, ya que en medio de millones de decisiones que tomamos, no nos damos de cuenta que están ahí. Todas esas decisiones que nacen de una mente inmadura y de la información errada recibida del entorno, son los responsables de decisiones que producen las situaciones desfavorables del presente.

Hoy en día, con tanta información que manejamos, estamos saturando la mente de más información de la que somos capaces de manejar, produciendo una indigestión y una saturación de ideas que impide reflexionar y pensar con claridad. Adicionalmente, el cerebro ante todo lo que observa, debe de generar algún tipo de opinión, algún tipo de reacción, y por tanto nos estamos volviendo personas reactivas. No pensamos, sino que reaccionamos, y por tanto cada vez perdemos más el control. Entonces usted termina comprando cosas que no necesita, haciendo cursos y especializaciones que no son tan importantes, se gasta el dinero que debió haber invertido en otras cosas, asume responsabilidades que no le lucran en nada. Total, usted termina en medio de una cantidad de situaciones que no eran las deseadas, las cuales le consumen todo el tiempo y energía que debería invertir en cosas que si quiere. Es por eso que usted mantiene una tenue sensación de insatisfacción y cansancio que le hace sentir que no es feliz.

Usted tiene que frenar, liberarse de ese ritmo desenfrenado, soltarse un poco, y reflexionar. Para eso está el ayuno de las impresiones. Se trata de apartar su mente y su cuerpo de todo aquello que lo satura y lo hace reaccionar. Usted debe separar un espacio de su tiempo para alejarse de su teléfono móvil, de su televisor, dejar de escuchar noticias, de hablar con alguien. Un día en el que usted este solo y sin hacer nada, y se dará de cuenta de lo mucho que usted necesita de su teléfono, de la televisión, de la información, se dará de cuenta, que usted no es dueño de sí mismo, de que usted no se controla, que usted es un ser reactivo, que no hace porque quiere, sino porque está acostumbrado, porque así lo enseñaron, así sea que lo hayan enseñado mal. También se dará de cuenta de su poca capacidad de sacrificio y de esfuerzo consciente. En medio de estas condiciones, ¿Qué posibilidades hay de que usted sea capaz de controlar un vicio? Hace algunos años la gente era capaz de vivir sin muchas cosas, hoy en día se hace casi imposible apartarnos de este mundo de consumismo del que somos tan dependientes. Nos acostumbramos a vivir escuchando música, a vivir conectados a internet. El propósito de este ejercicio, es hacerlo menos reactivo, que usted intente controlar algunos de sus actos y acciones.

Con una mente tan saturada de información, con todo nuestro tiempo completamente ocupado en nuestro trabajo y luego en la noche conectados al internet, ¿qué tiempo queda para reflexionar sobre aspectos importantes de nuestra vida? Por lo general nuestra mente siempre está pensando en cosas que acabaron de ocurrir y en asuntos no resueltos del pasado. La reflexión sobre aspectos concretos de nuestra vida es un acto consciente para el que se debe separar un tiempo. En este ayuno, usted debe de aprovechar para reflexionar sobre aspectos importantes de su vida, como lo son: Los asuntos no resueltos, las cosas que le están quitando demasiado tiempo, las cosas que no dejan ningún lucro a su vida, responsabilidades que debería de abandonar, personas con las que debería hacer las paces, establecer metas realistas, reconocer los errores que está cometiendo. Estas son cosas en las que no se suele pensar, pero que una vez se responden, ayudan a invertir mejor el tiempo y el esfuerzo. Te darás de cuenta que es más el tiempo que pasas pensando en cosas sin importancia, que lo que dedicas a pensar en cómo solucionar tu vida. Una vez usted establece un nuevo rumbo en su vida, dejará de desperdiciar su energía y podrá invertir alguna parte en dominar el vicio.

Actividad 26: El día del ayuno

El ayuno se recomienda hacer cada 6 meses. En ese día, usted deberá escoger un lugar para estar todo el día. Si usted tiene una finca, entonces podrá ir y apartarse del ritmo desenfrenado que lleva, le ayudará a relajarse, pero esta opción es bastante fácil y de poco efecto. El verdadero reto está en hacerlo en su habitación, porque todas las cosas que lo distraen estarán a su mano, será mucho lo que se estará esforzando por dominarse, por no ir a la nevera, por no prender el computador. Para hacer más llevadero el reto, puede recostarse en su cama, sentarse en su escritorio y escribir sus reflexiones. Para comer, ponga una jarra de agua y mucho maní. De preferencia ese día no salga de su habitación, a excepción de que tenga que ir al baño. En estas circunstancias, para usted será más fácil dominar su vicio, no solo en ese instante, sino que de ahí en adelante será mucho más fácil.

27. El método de compensación, re-compensa y castigo

Todas las acciones traen unas inevitables consecuencias. Buenas acciones deberían de cultivar buenas situaciones, y unas malas acciones deberían de crear unas situaciones desagradables. En medio de nuestra ignorancia e inexperiencia, realizamos acciones pensando que son buenas, pero que trae por consecuencia situaciones negativas. Es en las consecuencias de los actos donde se puede calificar un acto como bueno o malo. Los malos actos traen por consecuencias situaciones que producen dolor y problemas. El vicio es sí no es malo, el problema está en el exceso del vicio. Por tanto, un vicio no suele generar consecuencias negativas, lo que trae consecuencias negativas es el abuso de este, y estos abusos solo se ven con el tiempo. Es decir que solo nos preocupamos por el vicio cuando ya estamos enfermos, llenos de deudas, de conflictos y cuando ya es demasiado tarde.

Si el acto vicioso no trae consecuencias negativas en ese instante, entonces usted deberá generar consecuencias a ese acto de una manera inmediata. Así que usted deberá de asignar un castigo consciente, un esfuerzo, un sacrificio, que hará cada vez que usted ceda ante el vicio. Esto se debe a que usted no es capaz de controlarse ante el vicio, y siempre le queda un sentimiento de culpa y de derrota, que deberá aprovechar esos sentimientos, para motivarse y esforzarse por hacer algo beneficioso para usted. Entonces propóngase que cada vez que usted alimenta el vicio, se pondrá a estudiar por una hora un idioma extranjero; o que la próxima vez que ceda ante el vicio, usted llamará a una persona para pedirle disculpas; o la próxima vez que lo haga, dejará de ver un determinado programa de televisión por una semana. Si este tipo de castigos funciona para corregir a sus hijos, también debería funcionar para corregirse a sí mismo.

Por otra parte, es muy conocida la frase que dice: "El que peca y reza, empata". De esta manera si usted después de hacer un acto destructivo a causa de un vicio, lo compensa con un acto constructivo, entonces en vez de ir directamente hacia el abismo; usted estará progresando en su vida. Si usted es constante en esta práctica, con el tiempo la virtud superará el vicio. Muchos drogadictos fueron capaces de salir de las drogas, gracias a que se dedicaron a practicar un deporte. Si usted tiene una adicción que perjudica su cuerpo; entonces compénselo con algo que da salud a su cuerpo, como por ejemplo un deporte. Si usted es víctima de la gula y no está siguiendo la dieta, entonces compénselo con una hora de bicicleta en el gimnasio. Siguiendo este tipo de prácticas, la próxima vez que se sienta tentado a hacer el vicio, se frenará, porque será consciente de las consecuencias de hacerlo.

Actividad 27: Elegir un castigo y una recompensa

Escoja un castigo que deberá ejecutar, si usted cede ante el vicio. Anótelo en un papel que dejará en frente de usted. Escriba: "Si yo cedo ante el vicio, el castigo será XXX". Ese castigo deberá cumplirlo antes de que termine el día. Asegúrese que sea un castigo que va a cumplir. De preferencia ejecútelo de manera inmediata, mientras aun siente el sentimiento de culpa y arrepentimiento. Si no es capaz de ejecutar el castigo a diario, entonces ejecute un castigo un poco más difícil, para hacerlo el fin de semana. Respecto a las recompensas, ubique todas las cosas que quiere disfrutar, como una forma de premiarse por resistir a la tentación del vicio.

28. La práctica del yoga y la meditación

Durante miles de años, grandes civilizaciones surgieron en el medio Oriente y Asia. En la actual Irak, surgiría un pueblo que fue hasta donde sabemos es la cuna de la civilización, ellos fueron los Sumerios. También en esta región surgiría una de las grandes ciudades de la antigüedad, Babilonia, la cual tendría auge por alrededor de 1000 años, hasta que fue destruida. En Asia, estarían dos antiguas civilizaciones como la China y la India. Cada vez que un nuevo imperio se establece en una zona, destruye todo rastro de conocimiento antiguo e implanta sus creencias. No sabemos si en esos cientos de años, algunas de esas civilizaciones, pudieron haber cultivado conocimientos muy avanzados, ya que mucho de ello fue destruido. Recordemos lo que el imperio mongol hizo en Asia y Medio oriente, y lo que el imperio español haría en América. Digo esto, para que entendamos que nuestro pensamiento está formado por paradigmas impuestos a la fuerza por un imperio que en determinado momento haya ganado una guerra. Muchos de nuestros vicios se sustentan en base a creencias erradas. Por ejemplo, hay doctrinas que promueven la pobreza como una virtud, y este paradigma puede estar en el fondo de sus problemas económicos. Así como este ejemplo, hay cientos de paradigmas que le evitan superar un conflicto.

Después de la caída de las grandes civilizaciones de la antigüedad, surgiría en Europa dos naciones y 3 fenómenos que cambiarían la historia moderna. En Francia e Inglaterra, hacia finales del siglo XVII, surge la ilustración, la cual daría auge al pensamiento científico. En Francia, a finales del siglo XVIII, surge la revolución francesa, que sería la causa del derrumbe de las antiguas monarquías de Europa, y el establecimiento de la democracia moderna. En Inglaterra, en la segunda mitad del siglo XVIII, surgiría la revolución Industrial, la cual le daría una ventaja a nivel militar. En el siglo XIX, Inglaterra se convertiría en la reina de gran parte del mundo, entre sus territorios más preciados, estaba la antigua India que corresponde a los actuales países de India con más de 1200 millones de habitantes y Pakistán con más de 182 millones de habitantes al día de hoy. En esa época los países europeos creían que eran los únicos que se podían llamar civilización, hasta que Inglaterra conoció la antigua civilización de la India en Asia, y Francia conociera la antigua civilización egipcia en África.

Inglaterra al entrar en contacto con la India, tuvo un corto enamoramiento de esta cultura y gracias a eso, cosas como el Yoga, se conoció en el mundo, el cual llegaría a ser tan popular, que lo podemos encontrar en los gimnasios. Existen muchos tipos de yoga, el más conocido es el Hatha Yoga encaminado al cuerpo físico, a través de Asanas y posturas corporales. También está el Bhakti Yoga, que es el yoga para despertar emociones como la devoción, el cual puede ser asociado a prácticas como la oración de las iglesias y otros cultos. Para dominar el vicio, recomiendo el Raja Yoga, que es el yoga de la mente, y tiene por propósito dominar el pensamiento y aumentar la concentración. Se sabe de algunos practicantes de Raja Yoga, que tienen una mente tan estable, que son capaces de concentrarse en una actividad, sin dejarse distraer por nada alrededor. Al tener el vicio su origen en el pensamiento, entonces al tener un mayor control sobre este, podrás dominar cualquier hábito.

Cuenta la leyenda, que Siddharta era un joven príncipe que nació por las estribaciones del Himalaya, alrededor de 500 A.C. Su padre para cuidar a su hijo, lo apartó del mundo y lo lleno de lujos y placeres para que fuera feliz.

Un día Siddharta tuvo la oportunidad de conocer el mundo de alrededor, y se dio cuenta del sufrimiento de su pueblo. Esto lo conmocionó tanto, que llego a huir de palacio para así conocer el mundo, y descubrir cuál era el origen del sufrimiento. Despúes de muchos años de búsqueda, encontró que el origen del sufrimiento era el deseo, el apego y la falta de control sobre nuestros deseos, ya que el hombre sufre inevitablemente por las consecuencias de sus actos, a los que se ve irremediablemente impulsado por los deseos que no puede controlar. Siddharta encontró que la solución era dominar los pensamientos, ya que son la causa y origen de nuestras acciones, y que esto se podría lograr a través de la meditación. Este hombre sería conocido como Buda, y planteó una solución para dominar nuestra personalidad, desde hace más de 2.500 años. En definitiva, la meditación es una práctica, que puede ayudar a calmar sus pensamientos, a hacerlo menos impulsivo, y por tanto a dominar el vicio.

Actividad 28: La práctica de la meditación

Busque un lugar en el que practiquen Raja Yoga, no recomiendo los gimnasios, ya que estas prácticas son bastante superficiales. También puede buscar lugares donde enseñen a meditar. En estos sitios le enseñarán técnicas para dominar la respiración y apaciguar sus pensamientos.

29. Mecanismos de presión

Hay dos fuerzas que mueven al ser humano, la una es la parte psíquica, la cual a través de unos pensamientos motivan a la persona a realizar una acción. Si esa acción produce un placer inmediato, entonces es probable que se convierta en un vicio, mientras que si la acción produce un placer a mediano y largo plazo, entonces sentirá un breve entusiasmo que le ayude a ejecutar la acción en un inicio, pero luego de pasado un tiempo, perderá la motivación, se le olvidará lo que debe de hacer, y será muy difícil que concluya la acción. Respecto a la motivación debemos de decir que no es muy efectiva, ya que el cerebro después de un tiempo reconoce como actúa, y ya deja de reaccionar ante esta. Si se quisiera lograr un propósito a base de motivación, entonces habría que estar cambiando la fuente de motivación máximo cada mes. Por otra parte, hay muchas cosas que motivan al ser humano, como son los miedos, el orgullo, la ira, el odio y el amor, las cuales serán duraderas dependiendo de la huella que hayan dejado las experiencias personales.

Una segunda fuerza que mueve al ser humano, es la presión. Esta fuerza viene de afuera. Normalmente las circunstancias y las personas nos obligan a hacer cosas en contra de nuestra voluntad, y por eso la presión es tan efectiva. De hecho, nuestra sociedad está basada en la presión. Usted fue a estudiar porque sus padres lo presionaron, luego, una vez dentro de la clase la presión viene de parte del profesor, y finalmente usted trabaja porque tiene un jefe que lo vigila. Si usted no tuviera la presión de su jefe, y si le tocará trabajar desde su hogar, es probable que no tenga el mismo rendimiento como cuando hay un jefe que le pide cuentas. Es por eso que una de las formas más efectivas de abandonar un vicio, es con la presión de alguien que le esté prohibiendo el vicio.

La mayoría de las situaciones que vivimos son cosas que no queremos y que estamos en ellas por capricho del destino. Escapar de la fuerza del destino es muy difícil, porque por mucho que usted quiera escapar de una situación, no podrá, ya que no tiene el conocimiento y la fuerza de voluntad que se necesita para cambiar la fuerza de las circunstancias que le tocó. Einstein decía: "Los problemas significativos que enfrentamos no pueden resolverse en el mismo nivel de pensamiento que teníamos cuando los creamos". Para cambiar su destino, usted deberá tener un conocimiento y una fuerza de voluntad superior. Es entonces la fuerza de las circunstancias la que nos presiona para actuar de un modo u otro.

Para escapar del vicio, usted debería someterse a situaciones extremas que le obliguen a vivir circunstancias en las que no puede dar rienda suelta al vicio. En un punto anterior había comentado que entrar al ejercito es una manera efectiva de escapar del vicio. En la vida hay situaciones que nos obliga a cambiar por obligación, por ejemplo, hay personas que se casan y tienen hijos, y esto los obliga a abandonar el vicio. Si usted quiere dejar el vicio, entonces sométase a situaciones de presión, haga promesas en público para así sentir la presión de que debe de cumplir.

Actividad 29: Nuevas responsabilidades

Sométase a responsabilidades de carácter público: Participe en la junta administradora del edificio, ofrézcase como voluntario para ayudar en un hogar geriátrico, ofrézcase como auxiliar para atender a heridos. Cuando usted realizar estas actividades públicas, usted se sentirá presionado a cumplir de la mejor manera, y para ello tendrá que abandonar el vicio.

30. Pedir ayuda

Somos seres sociales, todos necesitamos de todos. No suele suceder que alguien logre superarse sin la ayuda de nadie. La gente no se toma en serio esto de tener buenas relaciones con los demás. Muchos de los conflictos son en las relaciones interpersonales. El problema es que la gente siempre esta con la actitud de exigirle a los demás, de pedirle cuenta a otros, de estar pendiente de sus errores. El secreto para llevarse bien con otros, es no ir con la actitud de pedir y exigir cosas, sino con la actitud de dar. Una persona que siempre ha donde va, lleva alegría, siempre está dispuesto a ayudar, tiene mucho para aportar, es difícil que haga enemigos. No se confunda con ser regalado, ya que quien da más de la cuenta o da cosas que nadie le ha pedido, da una imagen de adulación, de debilidad, y por tanto no suele ser respetado y termina siendo olvidado. Por otra parte, hay personas que son difíciles de llevar, pero hay que aprender a ser tolerante con los errores de los demás, no vas a encontrar ser humano perfecto. De tu parte, es importante que seas percibido como alguien valioso, alguien que es agradable, y que se le tiene en estima. Seguro que cuando llegue un mal momento, todos estarán dispuesto a hacer lo que sea por ti, no te de vergüenza pedir ayuda, todos en algún momento pasan por una crisis. Pide ayuda a tus familiares, cuéntales lo que te pasa, diles que necesitas su apoyo.

La ayuda también se puede pedir a un profesional. Esto puede ser más costoso, pero si usted tiene el dinero, entonces puede solicitar la asistencia de alguien que ofrezca este tipo de servicios. Estas personas han dedicado un poco más de tiempo a reflexionar y experimentar cosas, que alguien debido a sus ocupaciones o intereses, no suele ponerle cuidado. El conocimiento es casi infinito, no llegará el momento en que todo este dicho, y no se tenga que aprender nada más. Tampoco el conocimiento está en manos de una sola persona o institución, ya que una sola persona no es capaz de abarcar todos los niveles de experiencia que puede tener cada vida humana, y de la cual se pueden aprender tantas cosas. Cada vivencia, y cada experiencia particular enseñan cosas particulares. Mejor que el conocimiento que nace de la reflexión, es el conocimiento que nace de la experiencia, y es por eso que siempre podremos aprender algo de alguien más. Hay personas que se han dedicado a aprender y experimentar de un tema específico, y esas personas deben ser consultadas al respecto. Busque en internet, profesionales y grupos dedicados a ayudarlo en un tema específico.

La ayuda de alguien más es muy efectiva, ya que como hablamos en un punto anterior, todos nos movemos a través de mecanismos de presión. La presión de una figura de autoridad suele evitar que se hagan cosas que no deben hacerse. Unos buenos padres que están pendientes de sus hijos, que son disciplinados, pueden evitar que estos se vuelvan viciosos. La mayoría de los padres, no saben cómo educar a sus hijos, solo son personas con buenas intenciones, que de un momento a otro se vieron en la responsabilidad de criar y educar a un ser humano. Debido a que en ninguna parte se enseña a ser buenos padres, entonces cada cual procede desde sus propias costumbres, y esto no necesariamente es lo mejor. En el caso del vicio, es algo que la mayoría de las personas no saben cómo proceder, y si tú tienes acceso a este tipo de conocimiento, entonces compártelo con un amigo o un familiar, y dile que te ayude a desarrollar una actividad del libro.

Piense en el vicio como un evento que requiere toda la atención de la familia. Es tan grave como una enfermedad, como un accidente. Cuando sufre un accidente, usted no se pone a ensayar y a intentar recuperarse en su tiempo libre.

Usted se asesora de alguien, usted sigue una terapia de recuperación, y a usted lo ayuda su familia.

Actividad 30: El trabajo con un familiar

Pida ayuda a un familiar o a un amigo, cuéntele la situación por la que usted está pasando, dígale que le ayude a realizar cualquiera de estos ejercicios. Por ejemplo, para realizar la primera actividad, en la cual hay que controlar por separado las acciones que conllevan al vicio, entonces dile que te esconda el dinero por un mes, y que solo te lo de para conseguir cosas específicas. Con la actividad 26, para realizar el ayuno, dile que te guarde las llaves del cuarto y que te abra a las 10 de la noche, esto con el fin de que puedas lograr apartarte de un vicio por un solo día. En la actividad 27, puedes pedirle que te ofrezca un castigo o una recompensa, en la medida de tus progresos con el vicio.

Cómo aplicar de manera efectiva las técnicas de este libro

En este libro se han incluido una gran cantidad de prácticas, con el propósito de ofrecer alternativas para cada tipo de personalidad y circunstancia. Suele suceder que cuando tenemos tantas opciones no suele hacerse nada, es por eso que, con las siguientes recomendaciones, usted tendrá una idea de la mejor forma de proceder.

1. Tómese en serio la labor

Las cosas para que queden bien hechas necesitan tiempo y dedicación. Es como cuando usted va a estudiar un idioma nuevo, usted lo hace con toda la dedicación, y respecto al vicio, necesita más esfuerzo. Si usted pretende superar un vicio haciendo las actividades cuando le quede tiempo, entonces usted no hará nada, ya que este tipo de superación es más difícil que terminar un curso, es más difícil que emprender un negocio. La mayoría de las personas fracasan en superar un vicio, porque solo leen libros, practican un truco por una semana, y después vuelven a leer otro libro.

Piense en la superación del vicio como una labor a la que se debe dedicar de manera similar a como lo haría con un negocio. Debe saber que le va a consumir tiempo y que se va a demorar en lograrlo. Debe de estar dispuesto a invertir un tiempo y dinero en su realización.

2. Constancia y paciencia

De igual manera que un boxeador, en su primera competencia como profesional, de un solo golpe no tumba a su rival, usted no puede pretender que un hábito que lleva años con usted, pueda ser dominado en un par de días. Usted deberá estar concientizado que le puede llevar un par de años.

En teoría, si usted tiene un hábito que realiza diariamente, entonces con 3 días que usted sea capaz de resistir el deseo de realizarlo, usted lo podría abandonar del todo. Pero ese ideal no es fácil de lograr, pocas veces se tiene ese nivel de resistencia, si fuera así, usted ya lo habría superado. Debe aceptar que usted pasará largo tiempo intentando una y otra vez terminar un ejercicio.

En el fondo lo que usted está desarrollando es la voluntad, y eso requiere tiempo. Del mismo modo que una persona que quiere bajar de peso requiere realizar ejercicios diariamente durante varios meses, entonces del mismo modo para usted liberarse del dominio que tiene el vicio sobre usted, requiere una práctica continua y prolongada.

3. Tenga específicamente claro lo que va a hacer

Del mismo modo que cuando usted emprende un negocio, usted tiene claro los materiales que debe de comprar, las personas que debe de contactar, el tipo de publicidad que debe de realizar, el dinero que va a invertir, entre otros detalles, del mismo modo usted debe de tener claro todo lo que va a hacer para superar el vicio. Usted no puede ponerse a improvisar.

Si este libro ha llegado a sus manos, entonces elija las actividades que va a ejecutar como mínimo en un año. Si tiene a alguien que le pueda ayudar, entonces hable con él. Elija el lugar en el que lo va a realizar y la cantidad de tiempo que le va a dedicar.

4. Cambie cada cierto tiempo de ejercicio

Un ejercicio es efectivo en la medida que en un inicio lo haga de forma consciente, y después de un tiempo lo haga de manera inconsciente. El problema es que la mente después de un tiempo deja de ser consciente de la actividad, generalmente antes de que un nuevo hábito se vuelva costumbre. Por eso es necesario cambiar de ejercicio, para que la mente reciba una nueva motivación y una nueva actividad que esté atento para realizar.

Si los ejercicios requieren de fuerza de voluntad, entonces cambie cada mes, si los ejercicios requieren ir a un determinado lugar, entonces cambie cada 3 meses, y si las prácticas requieren la participación de otras personas, entonces cambie cada 6 meses.

5. Elija los ejercicios de acuerdo a su situación particular

Si todos los seres humanos fuéramos iguales, seguramente habría un solo método para enfrentar el vicio, pero dado que todos pensamos diferentes y todos tenemos diferentes vicios, entonces se hace necesario aquel al que mejor nos adaptemos.

Por ejemplo, si usted tiene un grado bastante avanzado del vicio y no puede controlarse puede hacer la actividad 26, en la que puede pedir ayuda a alguien para así aislarse de forma obligatoria del vicio. También para casos avanzados puede realizar la actividad 19. Por otra parte, si usted es una persona que diariamente viaja al trabajo y en dicho trayecto se demora una hora, entonces puede hacer la actividad 15, de programación mental.

Le recomiendo que lea varias veces este libro, para que tenga una claridad acerca de los ejercicios. Además, este libro es bastante corto y conciso, y por tanto no perderá mucho tiempo. En un viaje que dure dos horas, puede leerlo todo.

6. Haga la práctica en un lugar apartado

Lo ideal sería que usted fuera a un lugar, similar a un gimnasio, en donde en compañía de un instructor, usted hiciera unos ejercicios. Pero como eso por el momento no lo hay, entonces usted deberá de improvisar un sitio, ya que, en su habitación, será bastante difícil de hacer.

Recomiendo parques en la ciudad, bibliotecas, baños turcos, y en general cualquier lugar donde usted se pueda dedicar a una determinada práctica. Si tiene algo más de voluntad, entonces realice la práctica mientras le toma el sueño en las noches, y antes de levantarse de la cama en la mañana.

Si usted ha terminado de leer este libro, y piensa organizar las actividades que realizará, entonces empiece ahora mismo, vaya a una biblioteca, lleve papel y lápiz, y organice la forma de proceder, recuerde que usted debe de enfrentar esta situación como si de un proyecto de gran escala se tratara.

Superar un vicio es el mayor reto que puede enfrentar un ser humano, requiere algo que todos sabemos que hay que hacer, pero que nadie quiere aceptar, es decir, requiere esforzarse. Desafortunadamente en las escuelas nadie enseña la forma de superarlos, nadie enseña a desarrollar voluntad. Así que hay que aceptar que esto se debe de lograr solo.

El propósito de este libro y del autor, ha sido mostrar la mayor cantidad de herramientas, para que, a partir de la conciencia y voluntad, pueda usted mismo superar la situación. La voluntad, la inteligencia, la sabiduría, el talento, son los mayores valores que puede tener un ser humano, ya que, a partir de ellos, puede superar cualquier situación en su vida y con sus propias fuerzas, ninguna otra cosa le puede brindar ese triunfo. Es la superación de las situaciones en la vida diaria, el medio que usted tiene para lograr estos valores que harán crecer su alma y espíritu.

Usted tiene una responsabilidad con la sociedad, y es la de ser alguien útil y productivo, entonces la sociedad lo premiará y le dará riquezas. Usted también tiene una responsabilidad para consigo mismo, y es la de dominar su conducta, y el premio a ello, es lograr la tranquilidad, la libertad y la felicidad.

Más información

descubresubconsciente.com

www.ingramcontent.com/pod-product-compliance
Lightning Source LLC
Chambersburg PA
CBHW070121290526
45789CB00005B/2099